Claire Kim Schäfer

Corporate Volunteering und professionelles
Freiwilligen-Management

VS RESEARCH

Claire Kim Schäfer

Corporate Volunteering und professionelles Freiwilligen-Management

Eine organisationssoziologische Betrachtung

Mit einem Geleitwort von Prof. Dr. Birgit Blättel-Mink und Dr. Raphael Menez

Bibliografische Information der Deutschen Nationalbibliothek
Die Deutsche Nationalbibliothek verzeichnet diese Publikation in der
Deutschen Nationalbibliografie; detaillierte bibliografische Daten sind im Internet über
<http://dnb.d-nb.de> abrufbar.

1. Auflage 2009

Alle Rechte vorbehalten
© VS Verlag für Sozialwissenschaften | GWV Fachverlage GmbH, Wiesbaden 2009

Lektorat: Dorothee Koch / Britta Göhrisch-Radmacher

VS Verlag für Sozialwissenschaften ist Teil der Fachverlagsgruppe
Springer Science+Business Media.
www.vs-verlag.de

Das Werk einschließlich aller seiner Teile ist urheberrechtlich geschützt. Jede
Verwertung außerhalb der engen Grenzen des Urheberrechtsgesetzes ist
ohne Zustimmung des Verlags unzulässig und strafbar. Das gilt insbesondere
für Vervielfältigungen, Übersetzungen, Mikroverfilmungen und die Einspeicherung und Verarbeitung in elektronischen Systemen.

Die Wiedergabe von Gebrauchsnamen, Handelsnamen, Warenbezeichnungen usw. in diesem
Werk berechtigt auch ohne besondere Kennzeichnung nicht zu der Annahme, dass solche
Namen im Sinne der Warenzeichen- und Markenschutz-Gesetzgebung als frei zu betrachten
wären und daher von jedermann benutzt werden dürften.

Umschlaggestaltung: KünkelLopka Medienentwicklung, Heidelberg
Gedruckt auf säurefreiem und chlorfrei gebleichtem Papier
Printed in Germany

ISBN 978-3-531-17017-6

KIM WHORTON

Geleitwort

Was in den 90er Jahren des vergangenen Jahrhunderts das Thema betrieblicher Umweltschutz war, ist heute das Thema Corporate Social Responsibility. Im Gegensatz zur damaligen Debatte um die Bereitschaft der Wirtschaft, für die ökologischen Folgen der Industrialisierung aufzukommen, geht es den Wirtschaftsunternehmen heute darum, durch soziale Projekte ihre gesellschaftliche Verantwortung zu belegen und sich gleichzeitig als erfolgreiche Akteure im Kontext der Globalisierung darzustellen. Selten wird Corporate Social Responsibility dabei als eine der drei Säulen der Nachhaltigkeit (ökologische, soziale und ökonomische Nachhaltigkeit) dargestellt, sondern eher als etwas Neues präsentiert, was abgekoppelt von der eher ungeliebten Debatte um Umweltschutz dazu dienen soll, das gesellschaftliche Image der Unternehmen zu verbessern. Neben ökonomischer Effizienz scheint mit dem gesellschaftlichen Engagement der Unternehmen ein weiteres – sehr modernes – Ziel der Privatwirtschaft auf, das vereinbar ist mit Wettbewerbsfähigkeit und Konkurrenz.

Claire Schäfer greift in ihrer Arbeit einen Sonderfall von Corporate Social Responsibility auf, der bisher in den Sozialwissenschaften nur wenig Aufmerksamkeit fand. Corporate Volunteering ist ein Bereich von Corporate Social Responsibility, bei dem gesellschaftliches Engagement gezielt in die Unternehmensstrategien integriert und mit wirtschaftlichen Tätigkeiten des Unternehmens verbunden wird. Corporate Volunteering ist somit ein pro-aktiver Prozess der Wirtschaft, der vor allem an den Rändern der Organisation ein erhöhtes Kooperationspotential notwendig macht und für den sich die Rolle der Freiwilligen-Manager im Sinne eines Schnittstellenmanagements als zentral erweist.

Die Frage nach der gesellschaftlichen Legitimität unternehmerischen Handelns bietet ein sehr geeignetes Forschungsobjekt für eine organisationssoziologische Analyse im Rahmen des Neo-Institutionalismus. Mit der Verbindung von Legitimität und Corporate Volunteering unter der neo-institutionalistischen Perspektive betritt Schäfer sozialwissenschaftliches Neuland, und die Verknüpfung von Theorie und Empirie gelingt ihr mit Hilfe einer systematischen Operationalisierung sehr überzeugend.

Ein wichtiges Ergebnis der Studie lautet, dass das gesellschaftliche Engagement von Unternehmen nicht auf Umwelterwartungen zurückgeführt werden kann, sondern in den Organisationen selbst institutionalisiert wird. Allerdings verläuft die Umsetzung dieses Konzeptes in den untersuchten Organisationen in diesem frühen Stadium noch sehr heterogen, da bisher kein verbindlicher Konsens über Wert und Nutzen dieses Programms hergestellt ist, vor allem aber noch kein gesellschaftlicher Konsens über die Nützlichkeit dieser Maßnahme besteht. Perspektivisch können Unternehmen mit Hilfe von Corporate Volunteering-Programmen jedoch in die Lage versetzt werden, innovative Mechanismen zur Lösung gesellschaftlicher Probleme hervorzubringen.

Prof. Dr. Birgit Blättel-Mink und Dr. Raphael Menez

Frankfurt am Main, Juni 2009

Inhalt

1 Einleitung 11
2 Von Ehrenamt zu neueren Formen freiwilligen Engagements 15
   2.1 Bürgerschaftliches Engagement 15
      2.1.1 Historische Herleitung 16
      2.1.2 Neuere Entwicklungen 17
   2.2 Corporate Social Responsibility 20
      2.2.1 Corporate Citizenship 23
      2.2.2 Corporate Volunteering 26
   2.3 Freiwilligen-Management 29
      2.3.1 Entwicklung und Bedeutung des Freiwilligen-Managements 29
      2.3.2 Das Berufsbild Freiwilligen-ManagerIn 32
   2.4 Zwischenfazit 34
3 Neo-Institutionalismus als theoretische Perspektive 37
   3.1 Die zentralen Texte 39
      3.1.1 John W. Meyer und Brian Rowan 39
         3.1.1.1 Entkopplung 41
         3.1.1.2 Logik des Vertrauens und guten Willens 42
         3.1.1.3 Zeremonielle Inspektionen und Evaluationen 43
      3.1.2 Paul J. DiMaggio und Walter W. Powell 44
         3.1.2.1 Isomorphie durch Zwang 45
         3.1.2.2 Isomorphie durch Mimese 46
         3.1.2.3 Isomorphie durch normativen Druck 47
      3.1.3 Lynne G. Zucker 48
   3.2 Wichtige Begriffe und Weiterentwicklungen 50
      3.2.1 Legitimität 50
      3.2.2 Die drei Säulen von Institutionen 52
         3.2.2.1 Regulative Säule 54
         3.2.2.2 Normative Säule 55
         3.2.2.3 Kulturell-kognitive Säule 55
      3.2.3 Institutionalisierungsprozesse 56
         3.2.3.1 Habitualisierung 56

		3.2.3.2	Objektivierung	57
		3.2.3.3	Sedimentation	58
	3.2.4		Institutioneller Wandel	58
	3.3		Zwischenfazit	59
4	Operationalisierung			61
	4.1		Legitimität	61
	4.2		Strukturangleichung und organisationales Feld	64
	4.3		Institutionalisierung	67
	4.4		Professionalisierung	70
5	Empirische Erhebung			73
	5.1		Methodisches Vorgehen	73
	5.2		Datenerhebung	74
	5.3		Die untersuchten Organisationen	76
	5.4		Datenauswertung	77
6	Darstellung der Untersuchungsergebnisse			81
	6.1		Erwartungen wichtiger Anspruchsgruppen	81
	6.2		Herausbildung eines organisationalen Feldes	83
	6.3		Strukturangleichung im organisationalen Feld	85
	6.4		Anpassung der formalen Struktur	89
	6.5		Konflikte	91
	6.6		Legitimitätsstiftende Faktoren	93
		6.6.1	Institutionalisierung	94
		6.6.2	Einstellen von ExpertInnen	96
		6.6.3	Integration in die Unternehmensstrategie	98
	6.7		Ressourcenfluss	100
	6.8		Förderung bürgerschaftlichen Engagements	103
	6.9		Handlungsbedarf	104
7	Zusammenfassung und Ausblick			107
Literatur				113
Anhang 1: Leitfaden für ExpertInnen-Interview				119
Anhang 2: Kategoriesystem				123

1 Einleitung

> „Unternehmen, die nur auf den Faktor Kosten schauen,
> verdienen Artenschutz, sind vom Aussterben bedroht."[1]

In den Sozialwissenschaften werden seit Beginn der 1970er Jahre sowohl die Ursachen als auch die Folgen eines gesellschaftlichen Wertewandels diskutiert. Als Hauptursache wird der Prozess der gesellschaftlichen Modernisierung in den Vordergrund gerückt, der einen zunehmenden Bedarf an individualistisch gelagerten Selbstentfaltungsorientierungen mit sich bringt (vgl. Klages 2001: 729). Diese Entwicklung gekoppelt mit der Beobachtung, dass das staatliche Unterstützungssystem an seine Grenzen gestoßen ist, hat dazu beigetragen, dass das Thema bürgerschaftliches Engagement in der öffentlichen und politischen Diskussion zunehmend an Bedeutung gewonnen hat (vgl. Backhaus-Maul 2001: 34). Insbesondere die Feststellung, dass mit dem gesellschaftlichen Wertewandel eine Veränderung der Engagementarten und -motive einherging, bietet Anlass zur Diskussion (vgl. Kegel 2002: 90). Fraglich ist, wie auf diese Entwicklung reagiert werden kann und von wem neue Zugangsmöglichkeiten zu bürgerschaftlichem Engagement geschaffen werden können. Mögliche Antworten bieten zwei im angelsächsischen Raum entwickelte Unternehmenskonzepte für den verantwortungsvollen Umgang mit gesellschaftlichen Problemen: Corporate Social Responsibility (CSR) und Corporate Citizenship (CC) (vgl. Schwarz 2006: 279f).

Auch für Organisationen[2] rückt die Übernahme gesellschaftlicher Verantwortung zunehmend in den Vordergrund (vgl. Enquete-Kommission 2002b: 468). Als Gründe werden neben den Einflüssen der Globalisierung (vgl. Europäische Kommission 2001: 4) auch der Ansehensverlust von Wirtschaftseliten sowie die Expansion der Medien genannt. Es besteht die Annahme, dass allein durch die Macht der Medien immer mehr Möglichkeiten bestehen, Organisationen in ihrem Handeln zu beobachten, weshalb sich der gesellschaftliche Druck auf sie erhöht (vgl. Kirchhoff 2006: 13). Mit den wachsenden Aufgaben

---

[1] Backhaus-Maul 2006: 37.
[2] Der Terminus Organisationen wird im Folgenden als Dachbegriff für Formen der „Koordination und Zurichtung gesellschaftlicher Aktivitäten" (Ortmann/Sydow/Türk 1997: 16) und damit für profit- und nicht profitorientierte strukturelle Einheiten verstanden, in welchen Aktivitäten mit einem bestimmten Ziel, mit bestimmten Ressourcen, nach bestimmten Regeln zu beobachten sind (vgl. Kieser/Ebers 2006).

von und vor allem Erwartungen an Organisationen könnte insbesondere Corporate Volunteering (CV), also das Engagement von Unternehmen und seinen MitarbeiterInnen, das – zumindest in Deutschland – eine relativ neue Form des Engagements ist, Lösungen bereitstellen, um einerseits Erwartungen aus der Gesellschaft in Unternehmen zu transportieren (vgl. Hubbertz 2006: 308) und andererseits auf die Herausforderungen, die sich an das neue bürgerschaftliche Engagement richten, zu reagieren (vgl. Schöffmann 2001b: 14).

Zu beobachten ist, dass sich bei der Organisation, Umsetzung und Auswertung von CV-Programmen neue Herausforderungen sowohl an Unternehmen als auch an Non-Profit-Organisationen[3] (NPOs) stellen, die verstärkt zu Kooperation sowie wechselseitigem Austausch von Kompetenzen und Ressourcen aufgerufen werden (vgl. Backhaus-Maul 2004: 24). Hilfe könnten vermittelnde Freiwilligen-Agenturen, aber auch Fortbildungen und neue Studiengänge sowie eigens auf die Entwicklung und Durchführung solcher CV-Programme spezialisierte Abteilungen leisten. Auch neue Stellen, die des professionellen Freiwilligen-Managements, werden als vielversprechende Lösungen betrachtet (vgl. Biedermann 2002: 79). Allerdings erscheint die Einführung solcher Programme und Stellen aus einer rein wirtschaftlich betrachteten Perspektive wenig lukrativ, da sie zunächst einmal mit Kosten verbunden sind. In Anbetracht der Tatsache, dass die Messbarkeit und Effektivität solcher Programme noch nicht empirisch belegt ist (vgl. Backhaus-Maul 2004: 26), stellt man sich die Frage, warum Organisationen dazu übergehen, diese Programme einzuführen und diese Stellen zu schaffen.

Unternehmen erkennen, dass es nicht mehr ausschließlich um das Erzielen finanzieller Gewinne geht, sondern darum, dass auch Erwartungen erfüllt werden müssen, die über den finanziellen Erfolg hinausgehen (vgl. Janes 2001: 25). Die notwendige Legitimität des unternehmerischen Handelns in der Gesellschaft einzuholen, tritt daher aus wirtschaftlichen Gesichtspunkten immer häufiger in den Vordergrund (vgl. Kirchhoff 2006: 15f). Die in der amerikanischen Organisationsforschung entstandene neoinstitutionalistische Organisationstheorie, die auch im deutschsprachigen Raum zunehmend Anwendung findet, bietet gute Ansatzpunkte, diese Entwicklung zu erklären. Im Gegensatz zu anderen Organisationstheorien stellt sie die relevante Umwelt einer Organisation und die damit einhergehenden Erwartungen an die formale Struktur in den Mittelpunkt ihrer Betrachtung (vgl. Walgenbach 2006: 353). Ferner geht sie davon aus, dass eben diese Umwelt einer Organisation Legitimität zuspricht und somit wichtiger Einflussfaktor für ihren Erfolg und ihr Überleben ist. In dieser Arbeit findet die neoinstitutionalistische Organisationstheorie vor allem deshalb Anwendung, weil

---

[3] Der Begriff Non-Profit-Organisation (NPO) soll fortwährend für die Gesamtheit aller sozialen, karitativen und gemeinnützigen Organisationen verwendet werden.

mit einer ‚soziologischen Brille' auf Organisationen geschaut werden soll, deren Blick über die rein ökonomischen Kostenfaktoren, wie es bspw. in den Wirtschaftswissenschaften der Fall ist, hinausgeht. Da die Verbreitung von CV und Freiwilligen-Management mit wirtschaftlichen Kriterien ohnehin nicht zu erklären ist, müssen andere Aspekte hinzugezogen werden, die eine Antwort auf dieses Phänomen bereitstellen. Dazu kann der Neo-Institutionalismus (NI) in der Lage sein.

Aus dem soeben betrachteten Zusammenhang ergibt sich die Frage, wie Organisationen die aus der relevanten Umwelt zugesprochene Legitimität erhalten und ggf. steigern können, um den überlebenswichtigen Ressourcenfluss zu sichern. Sind CV-Programme geeignete Mittel dazu? Welche Vorteile schafft die Durchführung solcher Projekte einer Organisation? Wirken sie sich tatsächlich positiv auf Organisationen aus oder können sie sogar einen Legitimitätsverlust verursachen? Wie und vor allem von wem müssen diese Projekte organisiert sein, um die erhoffte Legitimität zugesprochen zu bekommen? Sind Freiwilligen-ManagerInnen dazu in der Lage? Auf diese Fragen gilt es nachfolgend eine Antwort zu finden.

Um diese Fragestellungen zu beantworten, baut sich diese Arbeit wie folgt auf: Im Anschluss an die Einleitung, wird im zweiten Kapitel ein Überblick über den Untersuchungsgegenstand gegeben. Zunächst wird die Entwicklung von traditionellem Ehrenamt zu neueren Formen bürgerschaftlichen Engagements erörtert. Daran anschließend werden die drei unternehmensstrategischen Konzepte Corporate Social Responsiblity, Corporate Citizenship und Corporate Volunteering vorgestellt. Es folgt eine Darstellung über die Entwicklung und Bedeutung von Freiwilligen-Management sowie eine Beschreibung der damit einhergehenden Aufgaben und Tätigkeiten. Im dritten Kapitel wird die dieser Arbeit zugrunde liegende Theorie erläutert. Zunächst werden die drei zentralen Texte des Neo-Institutionalismus vorgestellt und dran anschließend wichtige Begriffe sowie einige durch Kritik hervorgebrachte Weiterentwicklungen aufgezeigt. Anhand dieses theoretischen Rahmens wurden Fragen abgeleitet, die in einem Leitfaden (siehe Anhang 1) die Basis für die qualitative Erhebung bilden. Ziel des vierten Kapitels ist die Operationalisierung, also die Anwendung der Theorie auf den Untersuchungsgegenstand CV und Freiwilligen-Management. Anhand einiger Vorüberlegungen werden Annahmen im Hinblick auf die Forschungsfrage formuliert. Im fünften Kapitel wird die empirische Vorgehensweise dieser Arbeit beschrieben. Dazu werden in einem ersten Schritt die methodische Vorgehensweise sowie die gewählte Befragungsart näher erläutert. Daran anschließend werden die untersuchten Organisationen vorgestellt sowie das Vorgehen bei der Datenauswertung dargestellt. Im sechsten Kapitel findet die Auswertung der neun ExpertInnen-Interviews statt, die mit vier Unternehmen, drei NPOs und zwei Mittlern (Freiwilligen-Agenturen) geführt wurden. Die Darstellung der Untersuchungsergebnisse erfolgt anhand eines theoriegeleiteten Kategoriesystems (siehe Anhang 2). Im siebten und letzten Kapitel werden die wichtigsten Ergebnisse der qualitativen Erhebung zusammengefasst dargestellt und ein Ausblick auf den damit verbundenen weiteren Forschungsbedarf gegeben.

2 Von Ehrenamt zu neueren Formen freiwilligen Engagements

Traditionell war ehrenamtliches Engagement – wie der Name bereits vermuten lässt – immer mit Ehre verbunden. Heute richten sich an das Zustandekommen eines freiwilligen Engagements neue Anforderungen, die es zu erfüllen gilt. Welchen Beitrag die unternehmensstrategischen Konzepte, Corporate Social Responsibility, Corporate Citizenship und vor allem Corporate Volunteering, zur Förderung bürgerschaftlichen Engagements leisten können, wird nachfolgend erörtert. Auf die Rolle, die Freiwilligen-ManagerInnen in diesem Prozess einnehmen können, wird daran anschließend eingegangen.

2.1 Bürgerschaftliches Engagement

Im Jahr 2004 engagierten sich in Deutschland 36 % der BürgerInnen freiwillig. Zu diesem Ergebnis kommt der zweite Freiwilligensurvey, welcher im Auftrag des Bundesministeriums für Familie, Senioren, Frauen und Jugend (BMFSFJ) erstellt wurde. Dies entspricht einem Anstieg von zwei Prozent gegenüber dem ersten Survey aus dem Jahr 1999 – die seinerzeit erste bundesweite Bestandsaufnahme bürgerschaftlichen Engagements. Diesem zweiten Survey ist auch zu entnehmen, dass die Bereitschaft derer, die sich noch nicht freiwillig engagieren, um sechs Prozent gestiegen ist (BMFSFJ 2005: 81). Diese Ergebnisse spiegeln einen aktuellen Trend wieder, der zeigt, dass nicht nur im öffentlichen, sondern auch im politischen Diskurs das Thema bürgerschaftliches Engagement zunehmend an Bedeutung gewinnt. Weiterhin lassen sich exemplarisch die Einrichtung sowie die umfangreiche Auswertung der Enquete-Kommission „Zukunft des Bürgerschaftlichen Engagements" des Deutschen Bundestags (Enquete-Kommission 2002a/b) sowie die Einberufung des „Internationalen Jahres der Freiwilligen" im Jahr 2001 durch die Vereinten Nationen (VN) nennen, die auf diesen Bedeutungszuwachs hinweisen.

Trotz der anhaltenden Diskussion lassen sich noch immer eine Vielzahl von Begriffen, die Form und Tätigkeiten des bürgerschaftlichen Engagement bezeichnen, in der einschlägigen Literatur finden. Für die vorliegende Arbeit soll deshalb die Definition der Enquete-Kommission „Zukunft des Bürgerschaftlichen Engagements" maßgeblich sein:

> „Bürgerschaftliches Engagement ist eine freiwillige, nicht auf das Erzielen eines persönlichen materiellen Gewinns gerichtete, auf das Gemeinwohl hin orientierte, kooperative Tätigkeit. Sie entfaltet sich in der Regel in Organisationen und Institutionen im öffentlichen Raum der Bürgergesellschaft. Selbstorganisation, Selbstermächtigung und Bürgerrechte sind die Fundamente einer Teilhabe und Mitgestaltung der Bürgerinnen und Bürger an Entscheidungsprozessen. Bürgerschaftliches Engagement schafft Sozialkapital, trägt damit zur Verbesserung der gesellschaftlichen Wohlfahrt bei und entwickelt sich, da es von Bürgerinnen und Bürgern ständig aus der Erfahrung ihres Lebensalltags gespeist wird, als offener gesellschaftlicher Lernprozess. In dieser Qualität liegt ein Eigensinn, der über den Beitrag zum Zusammenhalt von Gesellschaft und politischem Gemeinwesen hinausgeht" (Enquete-Kommission 2002b: 90).

2.1.1 Historische Herleitung

Die deutsche Geschichte ist reich an traditionellem bürgerschaftlichen Engagement. Erste Aktivitäten lassen sich bis an den Anfang des 19. Jahrhunderts zurückverfolgen, die bei der kommunalen Selbstverwaltung und den Vereinen angefangen und sich über Parteien, Wohlfahrtsverbände und Bürgerbewegungen bis hin zu neueren Formen entwickelt haben. Das soziale Ehrenamt entstand, um nur ein Beispiel zu nennen, mit der Durchführung der öffentlichen Armenpflege und bestimmte diese über Jahrzehnte hinweg. Erst die bürgerliche Sozialreform im Jahre 1890, mit der eine Bürokratisierung und auch Professionalisierung der kommunalen Sozialpolitik einherging, verdrängte das ehrenamtliche Engagement. Insbesondere der Aufstieg der Wohlfahrtsverbände in der Weimarer Republik brachte die ehrenamtliche Funktion in der öffentlichen Armenpflege zum erliegen. Durch die Schaffung der zentralisierten Wohlfahrtspflege wurden schließlich auch die traditionellen sozio-kulturellen Milieus, aus denen die Motivation zum Sozialengagement entsprungen war, endgültig verdrängt. Deutlich wird anhand dieses Beispiels der in Deutschland noch heute existierende, untrennbar mit Ehrenamt einhergehende Lokalbezug und auch die enge Verbindung mit gemeinwohlorientierten sozialen Aufgabenstellungen (vgl. Sachße 2002: 26f).

Nachdem die Wurzeln der Sozialarbeit dem traditionellen Ehrenamt entsprungen waren, konnte festgestellt werden, dass die Professionalisierung in den letzten 50 Jahren das Ehrenamt weitestgehend aus der Sozialarbeit verschwand (vgl. Kegel 2002: 90). Auch der gesellschaftliche Wertewandel ab Mitte der 1960er Jahre mit seinen individualistischen und desintegrativen Folgen wird vielfach für den Verfall des unverzichtbaren „gemeinschaftlichen Bindekitts" (Klages/Gensicke 1999: 2) verantwortlich gemacht. Im Rahmen der Spyerer

Werteforschung spricht man in diesem Zusammenhang auch von einem Wandel abnehmender „Pflicht- und Akzeptanzwerte" hin zu zunehmenden „Selbsterfahrungswerten" (Klages 2001: 727). Aber nicht nur Werte, sondern auch soziale Grundeinstellungen und Verhaltensbereitschaften der Bevölkerung haben sich entscheidend verändert, die, auf einen gemeinsamen Nenner gebracht, als „ein verstärktes Bedürfnis, Subjekt des eigenen Handelns zu sein" (Klages/Gensicke 1999: 5), bezeichnet werden können. Damit einhergehend wurde erkannt, dass auch die Zahl der aktiv engagierten BürgerInnen stetig gesunken ist, obwohl ihre grundsätzliche Bereitschaft sogar anstieg (vgl. Klages 2001: 736). In den 1970er Jahren – der Hochzeit sozialstaatlicher Planungs- und Gestaltungseuphorie – drängte das professionelle Unterstützungssystem das Thema bürgerschaftliches Engagement schließlich bis an den Rand der politischen Aufmerksamkeit (vgl. Sachße 2002: 23).

Erst seit Beginn der 1990er Jahre hält das Thema wieder Einzug in die tagespolitische Debatte, und mit der Krise des Wohlfahrtsstaats feiert bürgerschaftliches Engagement „ein glänzendes Comeback" (Sachße 2002: 23). Themen wie Unsicherheit auf dem Arbeitsmarkt bedingt durch Massenentlassungen trotz anhaltenden Gewinnwachstums großer Unternehmen (vgl. Janes 2001: 28), die neuen Herausforderungen eines zusammenwachsenden Europas und einer veränderten Informations- und Kommunikationsgesellschaft werden als Gründe für die Wiederentdeckung der Bürgergesellschaft genannt (vgl. Habisch 2003: 20, Kirchhoff 2006: 13f). Auch die globalisierte Wirtschaft wird im Zuge dieser Diskussion häufig angeführt, da sie als wichtigste Ursache für den Sittenverfall, also den Verlust moralischer Grundsätze für wirtschaftliches Handeln angesehen wird (vgl. Dietz 2008: F21). Ferner wird davon gesprochen, dass angesichts globaler wirtschaftlicher Prozesse auch die Handlungsspielräume der Nationalstaaten schwinden, die gefordert sind, Teile ihrer staatlichen Entscheidungs- und Steuerungsfähigkeit abzugeben. Deshalb werden zunehmend private Organisationen, wie privatgewerbliche Unternehmen und NPOs, mit der Erbringung öffentlicher Aufgaben beauftragt (vgl. Backhaus-Maul/Braun 2007: 3). Damit ergeben sich neue Herausforderungen an das bürgerschaftliche Engagement.

2.1.2 Neuere Entwicklungen

In jüngster Zeit wirft die Diskussion um bürgerschaftliches Engagement zunehmend die Frage nach dem Gemeinsinn, d. h. die freiwillige Bereitschaft der BürgerInnen zu Solidarität und Engagement auf. Auch die Diskussion um die Zukunft des Wohlfahrtsstaates spielt dabei eine nicht unerhebliche Rolle. Maßgeblich dazu beigetragen haben Ergebnisse aktueller empirischer Untersuchungen, die bestätigen, dass sich die Struktur bürgerschaftlichen Engagements verändert hat. Zunehmend wird von einem „Strukturwandel bürgerschaftlichen Engagements" (Kegel 2002: 90) gesprochen. Diese Wandlungserscheinungen gelten als Ausdruck für Prozesse der Modernisierung, die sowohl die normativen und subjektiven Grundlagen als auch die strukturelle bzw. objektive Verfasstheit der Ehrenamtlichkeit betreffen. Nunmehr soll auf zentrale Aspekte dieses Wandels hingewiesen werden, die Motive, Form und Inhalte gemeinwohlorientierten Engagements im gesellschaftlichen Gesamtgefüge betreffen.

- Im Zuge der gesellschaftlichen Modernisierung hat sich neben alten Strukturen und traditionellen Milieus auch das Selbstverständnis von Ehrenamt an sich verändert, was auch der erste Freiwilligensurvey des BMFSFJ aus dem Jahre 1999 bestätigt. Die Befragung ergab, dass ein Großteil der Engagierten ihre freiwillige Tätigkeit nicht (mehr) als „Ehrenamt", sondern zunehmend als „Freiwilligenarbeit"[4] versteht (BMFSFJ 2005: 92). Kurze Erwähnung sollte an dieser Stelle der Hinweis finden, dass die Fülle von Begriffen sowohl in der theoretisch-analytischen Literatur als auch in der empirischen Forschungsarbeit nicht eindeutig und nicht übereinstimmend definiert und eingesetzt wird, und dass jeder dieser Begriffe seine eigene Geschichte hat, die auf Traditionen und unterschiedliche Gesellschaftsentwürfe zurückzuführen ist (vgl. Beher et al. 2000: 15f).

- Mit dem Wandel traditioneller sozialer Strukturen geht eine Veränderung der Motive und Ziele des Engagements einher. Wurde mit traditionellem Ehrenamt früher eine Verantwortungsübernahme für die Gesellschaft assoziiert, so gilt Ehrenamt heute als Ausdruck persönlicher Dispositionen. Begriffe wie Pflicht und Dienst, die mit einem traditionellen Ehrenamt einhergingen, haben heute an Bedeutung verloren. Demgegenüber haben subjektive Ansprüche auf Sinn und Selbstverwirklichung, Spaß und Anerkennung, aber auch auf Mitgestaltung und Mitsprache für das Zustandekommen eines freiwilligen Engagements an Bedeutung gewonnen wie Abbildung 1 „Erwartungen an die Freiwillige Tätigkeit" (Seite 19) verdeutlicht. Das Engagement muss für den/die Einzelne(n) zunehmend als etwas Sinnvolles erfahren werden und biografisch eingeordnet werden können, damit das Ehrenamt als selbstgewähltes Element der Biographiegestaltung bewertet wird (vgl. Enquete-Kommission 2002b: 120).

---

[4] Im Nachfolgenden soll, in Anlehnung an den Freiwilligensurvey, nur noch der Oberbegriff „freiwilliges Engagement" zur Bezeichnung der Vielfalt aller ehrenamtlichen, freiwilligen oder bürgerschaftlichen Tätigkeiten verwendet werden.

- Eine wesentliche Veränderung im modernisierten Ehrenamt lässt sich auch in der Regelmäßigkeit des Engagements ablesen. Dauerhaftes und langfristiges Engagement bildet inzwischen die Ausnahme, und ein häufiger Wechsel der Engagierten und deren Tätigkeiten stellt die Regel dar. Starre Grundsätze und Vorgaben in der Ausübung sowie umfassende Verpflichtungen und die feste Bindung an bestimmte Aufgaben werden als hinderlich wahrgenommen. Bevorzugt werden überschaubare Aufgaben die projektorientiert, d. h. zeitlich und inhaltlich kreativ gestaltbar sind (vgl. Priller 2002: 48).

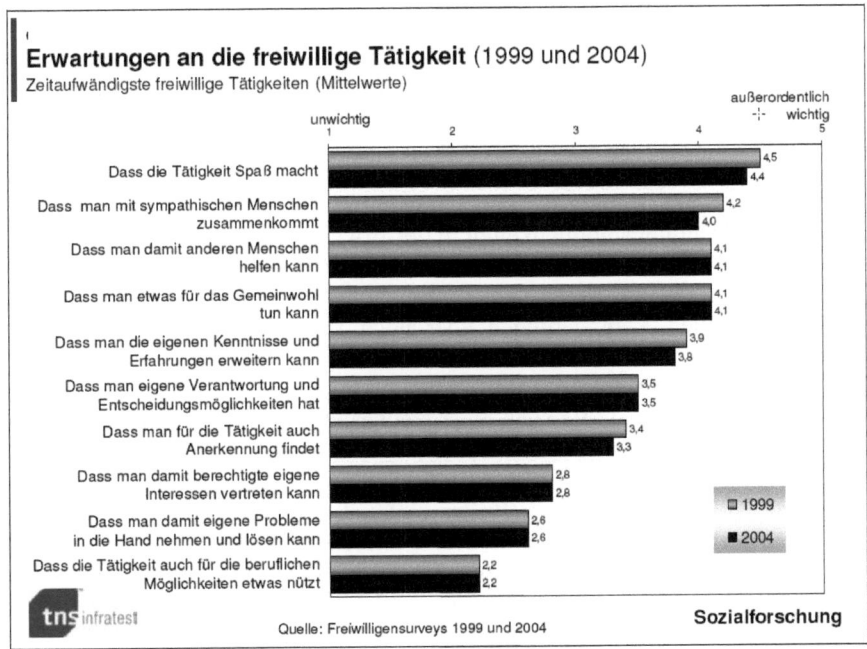

Abbildung 1: Erwartungen an die freiwillige Tätigkeit

(Quelle: BMFSFJ 2005: 102)

- Auch Pluralisierungstendenzen haben im Ehrenamt Einzug genommen. Die Ausdifferenzierung des Engagements, in vielfältige Formen, spiegelt sich insbesondere in einer Art „Verberuflichung" ehrenamtlicher Arbeit wieder, d. h. dass das Ausprobieren von Fähigkeiten, die im Beruf nicht gefordert werden, wichtiger geworden ist (vgl. Kegel 2002: 90). Somit kommt es zu einer Annäherung und Vermengung dieser unterschiedlichen Tätigkeiten. Ehrenamtlich arbeitende Menschen sind auch nicht mehr völlig unbezahlt zu gewinnen bzw. zu motivieren. Zugleich haben sich die Qualifikationsansprüche an die ehrenamtliche Arbeit erhöht. Es besteht ein Trend zu latenter Fachlichkeit bzw. zu „Semi-Professionalität" (Beher et al. 2000: 14).

Diesen neuen, subjektiven Anforderungen treten auch objektive Anforderungen entgegen, die sich an die Qualität der Freiwilligenarbeit richten. Als Gründe hierfür werden vor allem die sich verändernden Wohlfahrtsverbänden genannt, die sich zunehmend in Richtung „soziale Dienstleistungsunternehmen" (Kegel 2002: 91) entwickeln und einem Professionalisierungsprozess entgegensehen. Fraglich erscheint, wie in Zukunft bei der Organisation und Ausübung bürgerschaftlichen Engagements auf diese Trends reagiert werden kann, und wie sich das Engagement von Freiwilligen unter diesen neuen ökonomischen Aspekten gestalten lässt. Dahm et al. empfehlen u. a. eine Ausweitung des Angebots an zeitlich befristeten Projekten, die Etablierung eines Standards, der die im Engagement gewonnenen Kenntnisse und Fähigkeiten nachweist, die Verbesserung temporärer Freistellungsmöglichkeiten in der Erwerbsarbeit und den Aufbau von Unternehmensnetzwerken, die MitarbeiterInnen ermuntern soll, sich stärker bürgerschaftlich zu engagieren (vgl. Dahm et al. 2002: 181f). Derzeit stehen diesen strukturellen Veränderungen aber noch Barrieren im Weg, die es zu durchbrechen gilt.

Die anhaltende politische und öffentliche Diskussion um bürgerschaftliches Engagement kann aber als Versuch einer Neubestimmung des Verhältnisses von Politik, Gesellschaft, Wirtschaft und BürgerIn verstanden werden. Verkürzt ist dabei die Sichtweise, lediglich den Staat und seine BürgerInnen als Adressaten und „zu aktivierende Elemente" (Priller 2002: 40) zu betrachten. Es wird plädiert, mit Akteuren aus mindestens drei weiteren Bereichen zu rechnen: Den NPOs, den so genannten Freiwilligen-Agenturen und den Unternehmen (vgl. ebd.). Auf sie soll fortan der Fokus gelegt werden. Schließlich spielen alle drei in der Ausgestaltung von CV-Programmen eine entscheidende Rolle, wie zu zeigen sein wird.

2.2 Corporate Social Responsibility

Das Vertrauen in das Funktionieren der Kapitalmärkte als zentraler Bestandteil unserer Wirtschaftsordnung hat in den letzten Jahren – ausgelöst durch Bilanzmanipulationen und Unternehmenszusammenbrüche – in der ganzen Welt Einbußen hinnehmen müssen. Nimmt die Gesellschaft Unternehmen zudem als

„Vehikel einer Minderheit zur Optimierung ihres Wohlstandes auf Kosten der Mehrheit wahr" (Grewe et al. 2006: 3), kann daraus ein nicht unerheblicher Legitimitätsverlust resultieren. Vor dem Hintergrund, dass – wie jüngst in einer Studie unter 411 Führungskräften in hessischen Unternehmen herausgefunden – nicht nur die Gesellschaft, sondern auch 68 % der befragten Führungskräfte zu dem Schluss kommen, dass es einen Bedeutungsverlust moralischer Grundsätze für wirtschaftliches Handeln in den letzten 20 bis 30 Jahren gegeben hat (vgl. Dietz 2008: F21), wird die Frage nach der gesellschaftlichen Verantwortung von Unternehmen immer häufiger gestellt (vgl. Grewe et al. 2006: 3). Hier setzt der im angelsächsischen Wirtschaftsraum entwickelte Begriff Corporate Social Responsibility (CSR) an, der die drei Säulen[5] „Ökonomie", „Ökologie" und „Soziales" miteinander vereint, denen in CSR-Programmen gleichermaßen Rechnung getragen werden sollte (vgl. Abbildung 2 „CSR im gesellschaftlichen Kontext", Seite 22). Im Grünbuch der Europäischen Kommission wird CSR definiert als

> „ein Konzept, das den Unternehmen als Grundlage dient, auf freiwilliger Basis soziale Belange und Umweltbelange in ihre Unternehmenstätigkeit und in die Wechselbeziehungen mit den Stakeholdern zu integrieren (Europäische Kommission 2001: 7).

Es geht also kurz gefasst um eine freiwillige Selbstverpflichtung von Unternehmen über die gesetzlichen Bestimmungen hinaus. Solche Selbstverpflichtungen betreffen aber nicht nur die ökonomischen, sozialen und ökologischen Grundsätze der Unternehmenstätigkeit. Auch innerhalb des Unternehmens können MitarbeiterInnen von der Einhaltung von ArbeitnehmerInnenrechten, der Einführung von Arbeits- und Umweltstandards sowie von Personalentwicklungsstrategien profitieren (vgl. Schaltegger et al. 2007b: 94). Diese finden u. a. in Gleichstellungsansätzen wie Gender-Mainstreaming, Total-Quality-Management oder Diversity-Management Anwendung.

Auch in Deutschland, wo das Thema noch relativ jung ist, stellt CSR für eine Vielzahl von Unternehmen bereits einen integralen Bestandteil der strategischen Unternehmensausrichtung dar. Es wird argumentiert, dass sie damit u. a. auf laut gewordene Forderungen von VerbraucherInnen nach sozialen und ökologischen Standards sowie auf die wachsende Kritik an Unternehmen in den 1990er Jahren reagieren (vgl. Hassel 2006: 5). CSR meint aber keines Wegs, dass Unternehmen unreflektierte Wohltätigkeitsaktivitäten entfalten. Vielmehr sollen ökologische und soziale Aspekte gewinnbringend in die Unternehmens-

---

[5] In einigen Publikationen wird auch von „Vier Säulen unternehmerischer Verantwortung" gesprochen. Diese vier Bereiche umfassen: Menschen, Umwelt, Gesellschaft und Kapital (vgl. Kirchhoff 2006: 17f).

politik integriert werden, um die nachhaltige Entwicklung des Unternehmens zu sichern (vgl. Kirchhoff 2006: 23f), denn „die besten guten Taten verlören an Gewicht, wenn sich im Kerngeschäft Verantwortungslosigkeit breit [machte]" (Sywottek 2004: 66).

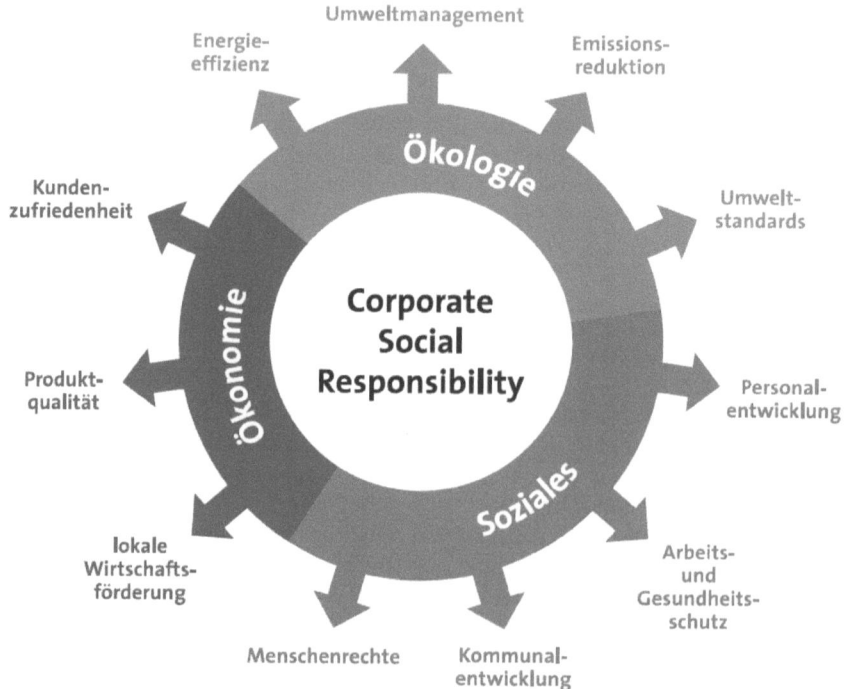

Abbildung 2: CSR im gesellschaftlichen Kontext

(Quelle: DED: 3)

Da aber die Relevanz der Umweltbezüge eines Unternehmens und die daraus entstehende Legitimität Gegenstand dieser Arbeit sind, wäre es an dieser Stelle zu weit gegriffen näher auf die „(betriebs-)wirtschaftliche Binnenweltperspektive" (Backhaus-Maul/Braun 2007: 5) des Unternehmenskonzept CSR einzugehen. Problematisch erscheint im Zuge der Argumentation dieser Arbeit auch die Tatsache, dass die „Vorstellung von Gesellschaft in der CSR-Dabatte merkwürdig konturenlos" bleibt (Backhaus-Maul 2006: 32). Hilfe verspricht nachfolgend dargestelltes Konzept.

2.2.1 Corporate Citizenship

> *"Mit Corporate Citizenship kann Einzug halten, was bislang originär nicht zum Geschäft dazugehörte."*[6]

Im Unterschied zu dem weit gefassten CSR-Begriff ist der des Corporate Citizenship (CC) relativ eng, denn er bezeichnet ausschließlich die Rolle des Unternehmens in der Gesellschaft und sein Verhältnis zur relevanten Umwelt und nicht die gesellschaftspolitische Bewertung innerbetrieblicher Abläufe. Die Debatte um CC beschäftigt sich deshalb mit den Fragen, wie sich in Unternehmen das Verständnis und die Vorstellung von Gesellschaft entwickeln und wie sie ihre gesellschaftliche Position und Rolle deuten (vgl. Backhaus-Maul 2006: 32, Kirchhoff 2006: 16f). CC wird im Allgemeinen verstanden als

> „das gesamte über die eigentliche Geschäftstätigkeit hinausgehende Engagement des Unternehmens zur Lösung gesellschaftlicher Probleme. Es ist der Versuch, ein Unternehmen auf möglichst vielfältige Weise positiv mit dem Gemeinwesen zu verknüpfen, in dem es tätig ist. Das Unternehmen soll sich wie ein guter Bürger für die Gemeinschaft engagieren, es soll ein good Corporate Citizen sein" (zitiert nach: Westebbe/Logan. In: Backhaus-Maul 2006: 37).

Wesentlicher Bestandteil von CC ist also, dass sich das Unternehmen als aktives Mitglied des Gemeinwesens, als so genannter „Unternehmensbürger" (Corporate Citizen) versteht, denn erst dieses Selbstverständnis vom guten Staatsbürger, ermöglicht sein bürgerschaftliches Engagement. Allerdings kann sich ein Unternehmen nicht allein durch einen moralischen Selbstanspruch zum Unternehmensbürger ernennen, da dies immer nur durch einen intersubjektiven Akt der Anerkennung durch andere BürgerInnen möglich ist (vgl. Habisch 2003: 20).

Diese schlichte Übertragung des Bürgerbegriffs auf Unternehmen wird jedoch aus politikwissenschaftlicher Perspektive als nicht ganz unproblematisch gesehen, da bspw. politische Rechte des aktiven oder passiven Wahlrechts nicht auf Unternehmen anwendbar sind (vgl. Hubbertz 2006: 304). Da man sich aber in der Diskussion um das gesellschaftliche Engagement von Unternehmen auf keine andere Begrifflichkeit einigen konnte, soll er hier, trotz der Kritik, weiterhin Anwendung finden. Weitere Kritik am Konzept von CC wird insbesondere von neoliberalen Gruppierungen geäußert, die es als „überflüssige Verklärung der eigentlichen Wirtschaftstätigkeit" (Hubbertz 2006: 306) sehen. Globalisierungskritiker neigen dazu, CC als „rhetorische Täuschungsmanöver" (Hubbertz 2006: 306) einzuordnen, die nur dazu benutzt werden, um Unternehmen Zugang zu öffentlichen Geldern und demokratischer Öffentlichkeit zu verschaffen. Des

---

[6] Hubbertz 2006: 308.

Weiteren wird Unternehmen, die sich als Corporate Citizen engagieren, häufig vorgeworfen, dass sie ihre Gemeinwohlorientierung lediglich als Mittel zum Zweck nutzen. Berechtigt ist diese Kritik aber nur insofern, wenn man davon ausgeht, dass es das einzige Ziel eines Unternehmens ist Gewinne zu erwirtschaften (vgl. Hubbertz 2006: 304). CC richtet sich aber im Grundsatz gerade nicht an das Kerngeschäft und den ökonomischen Erfolg eines Unternehmens (vgl. Schaltegger et al. 2007b: 90). Auch Unternehmen sehen sich selbst, wie Abbildung 3 „Aufgaben von Wirtschaft und Politik" (Seite 25) zeigt, nicht mehr einzig in der Rolle, Gewinne zu erwirtschaften. Mittels der Durchschnittswerte auf einer Fünferskala von 1 = stimme voll zu bis 5 = stimme gar nicht zu, geben in einer von der Bertelsmann Stiftung in Zusammenarbeit mit TNS Emnid durchgeführten Befragung 500 „Top-Entscheider" an, dass sie auch soziale und ökologische Belange in ihr Wirtschaften einbeziehen sollten (1,8) (vgl. Bertelsmann-Stiftung 2005: 8). Hieran wird deutlich, dass sich selbst in Unternehmeraugen Gewinnstreben und der Einsatz für gesellschaftliche Belange nicht per se ausschließen müssen.

Es sollte nicht unberücksichtigt bleiben, dass Unternehmen erst durch CC die Möglichkeit besitzen, die hart fixierten Systemgrenzen der ökonomischen Rationalität zu durchbrechen. Schließlich wird die einst ins extreme gesteigerte Kapitalrechnung immer häufiger wie eine „eindimensionale Verkürzung" (Pankoke 2006: 271) in Relation zu alternativen Betriebsformen wie personale Anerkennung, soziale Rücksicht, ökologische Nachhaltigkeit oder kulturelle Kreativität angesehen. Es wird argumentiert, dass CC einem Unternehmen – kurz gesagt – „extra-funktionale Horizonte unternehmerischer Verantwortung" (ebd.) erschließen kann. Angesichts dieses erweiterten Verantwortungshorizonts ergeben sich neue Herausforderungen, die es aus Sicht eines Unternehmens zu erfüllen gilt. Schließlich soll erfolgreiches CC einer langfristigen, koordinierten Strategie folgen und sich nicht auf einzelne Wohltätigkeitsaktivitäten beschränken. Die spezifischen Kompetenzen und Ressourcen des Unternehmens sollen genutzt werden, um Partnerschaften zu bilden und aktiv mit dem gesellschaftlichen Umfeld zu kommunizieren (vgl. Schaltegger et al. 2007b: 90). Auch sollte CC in den Unternehmensleitlinien verankert sein und die Firmenphilosophie möglichst authentisch wieder spiegeln. Andernfalls könnten Maßnahmen durchaus falsch verstanden werden und zu einem Glaubwürdigkeitsverlust führen (vgl. Pankoke 2006: 270f). Problematisch erscheint CC insofern, als die Evaluation oft schwierig ist. Allerdings stellen Umfragen oder Medienanalysen durchaus geeignete Formen dar, auch wenn bislang kaum repräsentative und sachlich umfassende empirische Untersuchungen über CC in Deutschland durchgeführt worden sind. Der Wissensstand beruht derzeit nahezu ausschließlich auf ExpertInnenbeobachtungen, der Auswertung von Wettbewerbsbeiträgen sowie den Ergebnissen von Diplomarbeiten und Promotionsvorhaben (vgl. Backhaus-Maul 2004: 26).

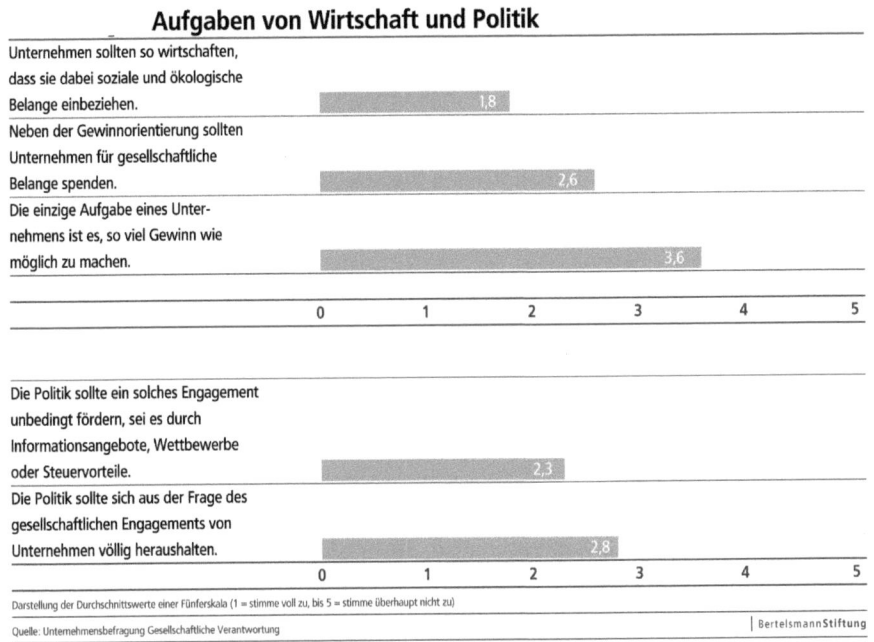

Abbildung 3: Aufgaben von Wirtschaft und Politik

(Quelle: Bertelsmann Stiftung 2005: 8)

Bürgerschaftliches Engagement von Unternehmen kann in zweierlei Formen auftreten: Einerseits in Form von Spendenzahlungen an NPOs und gemeinnützige Zwecke („Corporate Giving") und andererseits in der Förderung des Engagements der UnternehmensmitarbeiterInnen („Corporate Volunteering") (Enquete-Kommission 2002b: 457f). Auch wenn Geld- und Sachspenden in Deutschland bislang überwiegen, wird ein Trend beobachtet, bei dem die Unternehmen das Engagement ihrer MitarbeiterInnen und deren Bereitstellung von Zeit zunehmend unterstützen (vgl. Schöffmann 2001b: 18). Da im Zuge dieser Arbeit diesem neuen Trend Aufmerksamkeit geschenkt wird, kann das Konzept des eher traditionellen Corporate Giving ausgeklammert werden. Der Vollständigkeit halber sollte es aber kurze Erwähnung finden.

2.2.2 Corporate Volunteering

Wie soeben dargestellt, ist Corpoporate Volunteering (CV) ein Bestandteil des unternehmensstrategischen Konzepts von CC, bei dem Engagement gezielt in die Unternehmensstrategien integriert und mit wirtschaftlichen Tätigkeiten des Unternehmens verbunden wird. Dabei rückt die Rolle des Unternehmens *in* der zumeist lokalen Gesellschaft in den Mittelpunkt der Betrachtung (vgl. Backhaus-Maul 2006: 34).[7]

Unter dem Begriff CV fasst man das gesellschaftliche Engagement von Unternehmen und das ihrer MitarbeiterInnen zusammen. Im Wesentlichen versteht man unter CV, dass sich ein Unternehmen über sein Markthandeln, also über sein Kerngeschäft hinaus, für gesellschaftliche Belange einsetzt, und zwar mit seiner Ressource, dem Personal. In den USA ist dieses Konzept bereits zu einem selbstverständlichen Bestandteil der Unternehmenskultur geworden. In Europa haben sich CV-Programme zunächst in Großbritannien und den Niederlanden etabliert. In Deutschland ist CV dagegen eine noch junge Form des Engagements und wird erst seit Mitte der 1990er Jahre diskutiert (vgl. Schöffmann 2001b: 13f). Dass das Konzept des CV noch nicht all zu große Verbreitung gefunden hat, bestätigt auch die Befragung des zweiten Freiwilligensurveys. Auf die Frage, ob es eine Unterstützung der Freiwilligen durch den Arbeitgeber gebe, antworteten die Befragten mit 53 %, dass dem nicht so sei. Bei lediglich 29 % war eine solche Unterstützung vorhanden. Insbesondere in der Privatwirtschaft betrug der Wert der Befragten, die antworteten, dass eine Unterstützung durch den Arbeitgeber gegeben sei, nur 25 %. Im öffentlichen Dienst dagegen lag dieser Wert bei immerhin 36 % (BMFSFJ 2005: 183).

Das Gestaltungsspektrum von CV ist nahezu unbegrenzt, wobei Arbeitskraft und Kompetenz der MitarbeiterInnen eines Unternehmens im Mittelpunkt stehen. MitarbeiterInnen von Wirtschaftsunternehmen können z. B. als freiwillige HelferInnen in sozialen Einrichtungen mitarbeiten, als Projektteam einen Kinderspielplatz errichten oder als MentorInnen mit fachlichem Know-how gemeinnützigen Organisationen dienen (vgl. Schaltegger et al. 2007b: 97). So bietet – um vorweg nur ein paar für diese Arbeit konkrete und interessante Beispiele zu nennen – die Deutsche Bank ihren MitarbeiterInnen ein Programm zur Karriereentwicklung an, dass nicht nur interne Lernerfahrung sondern auch den Austausch über das eigene Unternehmen hinaus fördert. So haben sich 2007 bereits zum achten Mal zehn MentorInnen und zehn Mentees am „Cross-Company-Mentoring-Programm" für Frauen beteiligt. In diesem Programm bauen MentorInnen und Mentees über Unternehmensgrenzen hinweg ein unterstützen-

---

[7] Hervorhebung im Original.

des und karriereförderndes Netzwerk auf, tauschen Fach- und Erfahrungswissen aus und lernen Unternehmenskultur und Strukturen des jeweils anderen Unternehmens kennen (vgl. CSR-Bericht Deutsche Bank 2007: 54). Die internationale wirtschaftsberatende Rechtsanwaltskanzlei Freshfields Bruckhaus Deringer organisiert in Kooperation mit fünf weiteren Unternehmen und der Gesellschaft für Jugendbeschäftigung e.V. seit drei Jahren ein dreistufiges Bewerbungstraining mit SchülerInnen im Berufsgrundbildungsjahr (BGJ), um ihre Chancen auf einen Ausbildungsplatz zu erhöhen (vgl. CSR-Bericht Freshfields Bruckhaus Deringer 2007: 118). KPMG organisiert einmal jährlich einen „Make a difference Day", an dem MitarbeiterInnen die Möglichkeit gegeben wird, sich in der lokalen Gemeinschaft einzubringen und aktiv zu helfen, um Einblicke in andere Berufs- und Lebenswelten zu erhalten.[8] Der Malteser Hilfsdienst organisiert bereits seit 2003 einen jährlichen „Social Day" an dem MitarbeiterInnen-Teams aus Frankfurter Firmen einen Tag in einer sozialen Einrichtung ihrer Region arbeiten, um wichtige Projektaufgaben zu erledigen, die für die Einrichtung auf anderem Wege nicht zu realisieren sind. Die Projekte sind so unterschiedlich wie die teilnehmenden Organisationen und so reichen die Ideen von „Wände streichen" über „PC-Schulungen organisieren" bis hin zur „Ausrichtung einer Halloween-Party".[9]

Im Hinblick auf eine umfassende Engagementförderung soll hier kurz auf die Grenzen von CV verwiesen werden. Kritisch ist anzumerken, dass nur bestimmte Formen des Engagements gefördert werden. Zumeist müssen die Projekte, die von Unternehmen unterstützt werden, mit den Unternehmensinteressen korrespondieren. Zwangsläufig kommt es zu einer thematischen Selektion der geförderten Projekte und Aufgaben. Weiterhin ist durch einen zu starken Bezug auf die Unterstützung von Unternehmen keine kontinuierliche Arbeit für NPOs möglich, da sich Unternehmensstrategien und somit das Förderungsprogramm kurz- oder mittelfristig verschieben kann (vgl. Enquete-Kommission 2002b: 462). Staatliche Unterstützungssysteme können folglich von den Unternehmen nicht ersetzt werden. Die Chance besteht darin, zusätzliche Ressourcen bereitzustellen und neue Formen bürgerschaftlichen Engagements zu erproben (vgl. Enquete-Kommission 2002b: 477).

Ziel eines gelungenen CV-Programms ist es eine Partnerschaft mit einem Gewinn für alle Beteiligten zu erreichen. Man spricht in diesem Zusammenhang auch davon, eine so genannte „Win-Win-Situation" zu schaffen, d. h. CV soll „ein Positivsummenspiel mit Gewinnbeteiligung für beide Seiten" sein (Backhaus-Maul 2004: 24). Allerdings ergeben sich bei der Umsetzung, Durchführung

---

[8] vgl. Homepage KPMG: www.kpmg.de/WerWirSind/1025.htm [07.03.2008].
[9] vgl. Homepage Social Day: www.socialday.de [07.04.2008].

und späteren Auswertung von CV-Projekten auch Probleme, da Unternehmen zunehmend häufiger mit NPOs zusammenarbeiten. Es wird beobachtet, dass diese selbst gewählte Passung zwischen gewinnorientiertem Unternehmen und NPO eine höchst voraussetzungsreiche und anspruchsvolle Kooperation darstellt, die mit neuen Herausforderungen auf beiden Seiten verbunden ist (vgl. Backhaus-Maul 2004: 24). Fraglich ist, ob tatsächlich beide Seiten Vorteile aus den gemeinsamen Aktionen ziehen und, wenn ja, um welche Vorteile es sich dabei handelt. Schöffmann geht davon aus, dass – ganz im Sinne des traditionellen Ehrenamts – viele Unternehmen im sozialen Bereich noch immer aus moralischem Pflichtbewusstsein handeln und dabei die Chancen verkennen, die CV ihnen bietet. Er geht ferner davon aus, dass ein Unternehmen CV keineswegs nur der „guten Sache wegen" tun muss und dass CV-Programme nicht immer uneigennützig sein müssen (vgl. Schöffmann 2001b: 14). Vielmehr ist er der Meinung, dass diese Programme einem Unternehmen sogar Gewinne einbringen können, indem sie für ein besseres Image bei den Kunden sorgen, Sozial- und Führungskompetenzen der MitarbeiterInnen fördern und das Ansehen des Unternehmens auf dem Personalmarkt verbessern, um nur einige Beispiele zu nennen (vgl. Schöffmann 2001c: 97ff). Durch das Engagement von Unternehmen in überwiegend lokalen Zusammenhängen – wie es sich zumindest in Deutschland aus dem traditionellem Ehrenamt entwickelt hat – wird die Bereitstellung von Personalressourcen, auch als eine Investition in das soziale Kapital verstanden (vgl. Habisch 2003: 20). Auch in diesem Kontext wird das Engagement von Unternehmen nicht als bloße Gemeinwohlorientierung oder philanthropisches Unternehmenshandeln aufgefasst. Nicht zuletzt deshalb wird gefordert CV als einen integralen Bestandteil der wirtschaftlich begründeten Unternehmensstrategie zu verstehen (vgl. Backhaus-Maul 2006: 34f).

Im Zuge dieser Bedeutungszunahme verwundert es einige Autoren, dass die Umsetzung in Deutschland weiterhin von Zufälligkeit, Spontanität und Semi-Professionalität gekennzeichnet ist, und dass noch lange nicht alle Potenziale einer professionellen Behandlung des Themas ausgeschöpft sind (vgl. Backhaus-Maul 2006: 37). Um diesem Anspruch gerecht zu werden wird eine Führungskultur, die zu einer Vermittlung der zueinander inkongruenten Shareholder-Interessen und Stakeholder-Perspektiven befähigt (vgl. Pankoke 2006: 272f), gefordert. Es wird davon gesprochen, dass eine Kooperation von Akteuren aus unterschiedlichen Bereichen, durch die Etablierung einer darauf abgestimmten Moderation, Koordination, Vernetzung und nicht zuletzt einer nachvollziehbaren Form der Qualitätssicherung sowie einer entsprechenden Anerkennungs- und Wertschätzungskultur zu einer nachhaltigen Verbesserung beitragen kann (nach Hedwig. In: Schwarz 2006: 290). Ob Freiwilligen-ManagerInnen in der Lage sind diese Aufgaben zu erfüllen, soll nun geklärt werden.

2.3 Freiwilligen-Management

> *„Aber was ist, wenn soziale Verantwortung in der Marketingabteilung hängen bleibt? Ist die gute Tat dann auch noch eine gute Sache?"*[10]

Wie weiter oben dargestellt, richten sich CC- und damit auch CV-Strategien zunehmend an NPOs, also an externe Partner wie Bildungs-, Sozial- und Kultureinrichtungen, Bürgerinitiativen und Verbände aus dem lokalen Umfeld sowie an die Politik (vgl. Habisch 2003: 20, Kirchhoff 2006: 17). Es wird allerdings beobachtet, dass diese verschiedenen Stakeholdergruppen von Unternehmen in Deutschland noch immer nicht als gleichberechtigte Partner wahrgenommen werden. Anstelle von Stakeholderdialogen stehen immer noch Unternehmensmonologe auf der Tagesordnung. Ausgehend von der Annahme, dass diese oge Innovationspotential entfalten und sich positiv auf das Image eines Unternehmens auswirken (vgl. Backhaus-Maul 2006: 38), könnte eine Stelle – sowohl auf Seiten der Unternehmen als auch auf Seiten der NPOs –, die sich an der Schnittstelle dieser Stakeholdergruppe befindet und ihre Kommunikation fördert, sich als nützlich erweisen (vgl. Kirchhoff 2006: 22).

2.3.1 Entwicklung und Bedeutung des Freiwilligen-Managements

Durch den Wandel des traditionellen Ehrenamts gewinnt die Frage nach dem individuellen Nutzen des Engagements für die Freiwilligen zunehmend an Bedeutung. Auch die Herausbildung neuer Formen unternehmerischen bürgerschaftlichen Engagements lässt eine solche Tendenz erkennen, die Parallelitäten zum Strukturwandel des Ehrenamts aufweist. Deutlich wird dies anhand des Übergangs von langfristig-verbindlichen Bindungen an bestimmte Institutionen und Rollen zu fließenden, projektbezogenen Formen des Engagements (vgl. Enquete-Kommission 2002b: 471). Hier setzt das aus den USA und Großbritannien stammende Konzept des Freiwilligen-Managements („Volunteer Management") an. Dabei geht es um die Erarbeitung professioneller und zeitgemäßer Methoden zur Förderung bürgerschaftlichen Engagements. Das Konzept beruht auf der Erkenntnis, dass freiwilliges Engagement sorgfältig vorbereitet werden muss, wenn es für alle Beteiligten gewinnbringend umgesetzt werden soll (vgl. Kegel 2002: 96). Nicht zuletzt deshalb nimmt auch in Deutschland die Bedeutung von Freiwilligen-Management zu, wobei der aus den USA stammende An-

---

[10] Sywottek 2004: 69.

satz von McCurley und Lynch teils übernommen und teils auf deutsche Verhältnisse angepasst und weiterentwickelt worden ist (vgl. Biedermann 2002: 79ff). Freiwilligen-Management kommt derzeit insbesondere in Freiwilligen-Organisationen wie Vereinen, karitativen Organisationen oder Verbänden zum Einsatz. Auch in Wirtschaftsunternehmen etablieren sich immer häufiger Abteilungen und Stellen, die sich um einen effizienten Einsatz der wertvollen Ressource Personal sorgen (vgl. Kegel 2002: 94). Allerdings geht dieser Prozess noch sehr langsam vonstatten, wie folgende Abbildung 4 „Zuständigkeit für das Thema ‚gesellschaftliche Verantwortung' im Unternehmen" aus der Detailauswertung der Unternehmensbefragung der Bertelsmann Stiftung verdeutlicht.

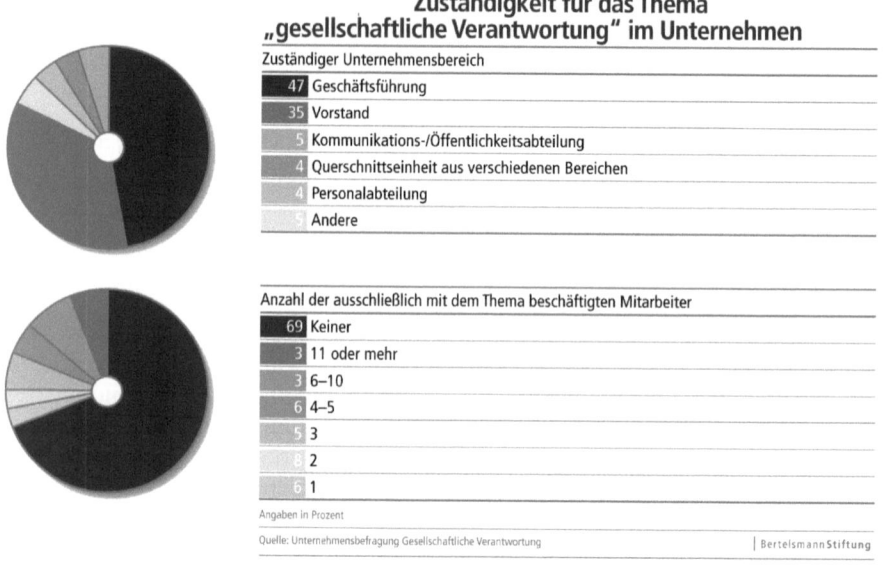

Abbildung 4: Zuständigkeit für das Thema „gesellschaftliche Verantwortung" im Unternehmen

(Quelle: Bertelsmann Stiftung 2005: 27)

Da das Konzept des Freiwilligen-Managements in Deutschland noch relativ jung ist, wird bei der Beschreibung der Aufgaben und Tätigkeiten eines Freiwilligen-Managers bzw. einer Freiwilligen-Managerin in erster Linie auf die Inhalte des

Ausbildungsgangs „Freiwilligen-Management^(TM)"[11] der Akademie für Ehrenamtlichkeit Deutschland (fjs) e.V. eingegangen. Die Akademie für Ehrenamtlichkeit Deutschland mit Sitz in Berlin, als bundesweite Institution für die Qualifizierung und Fortbildung von Freiwilligen, Ehren- und Hauptamtlichen bietet bereits seit 1997 den seinerzeit im deutschsprachigen Raum einzigen Ausbildungsgang „Freiwilligen-Management^(TM)" an. Es soll hier nicht unerwähnt bleiben, dass derzeit auch andere Begriffe kursieren, die dieses Berufsbild bezeichnen. So wird häufig die Bezeichnung „Freiwilligen-KoordinatorIn" oder, insbesondere in Unternehmen, die Bezeichnung „CSR-ManagerIn" verwendet (Lenzen 2007: 17ff). Auch erste Studiengänge etablieren sich derzeit, wie der „MBA Sustainament" an der Leuphana Universität Lüneburg (Schaltegger et al. 2007a: 30ff), der die Studierenden gezielt auf dieses neue Berufsbild und seine Herausforderungen vorbereiten will.

Die Entscheidung, den Begriff Freiwilligen-Management zu verwenden, erfolgt einerseits, weil in dieser Arbeit – wie in Kapitel 2.2 erläutert – der Fokus auf den Spezialfall CV gelegt wird und der weite CSR-Begriff ausgeklammert werden soll. Andererseits wird der Management-Begriff den Aufgaben und Tätigkeiten einer Freiwilligen-ManagerIn am ehesten gerecht. Nach Hopfenbeck ist Management eine „zielgerichtete Gestaltung, Steuerung und Entwicklung des Systems Organisation in sach- und personenbezogener Dimension" (zitiert nach Hopfenbeck. In: Kegel et al. 2006: 4). Die zentrale Aufgabe von Freiwilligen-ManagerInnen wird darin gesehen, den Bedarf an strategischen Veränderungen in den Bereichen Organisation und Personal sowie in der Aufbau- und Ablauforganisation zu ermitteln um Veränderungen zu initiieren, die die langfristige Orientierung und Planung sowie die Strukturen der Organisation beeinflussen (vgl. Kegel et al. 2006: 5). Wenn diese Aufgaben mit dem von Hopfenbeck zugrunde gelegten Management-Begriff verglichen werden, dürfte verständlich sein, warum hier von Freiwilligen-ManagerInnen gesprochen wird. Zu einem ähnlichen Schluss ist auch die Australasian Association for Volunteer Administrators (AAVA) gekommen, die eingangs ähnlich über die korrekte Bezeichnung dieses Berufsbilds diskutierte, sich aber schließlich auch auf den Begriff „Volunteer Management" einigte (vgl. Noble et al. 2003: 27). Die Bezeichnung Freiwilligen-KoordinatorIn ist in diesem Zusammenhang nur wenig zutreffend, da er/sie sich eher mit praktischen Belangen und um den Einsatz der Freiwilligen vor Ort kümmert (vgl. Kegel et al. 2006: 3).

---

[11] Der Begriff Freiwilligen-Management^(TM) und die Ausbildung Freiwilligen-Management^(TM) stehen unter Begriffsschutz (TM). Informationen hierzu gibt es auf der Homepage der Akademie für Ehrenamtlichkeit Deutschland (fjs) e.V.: www.ehrenamt.de.

2.3.2 Das Berufsbild Freiwilligen-ManagerIn

Die Ausgangsbasis dieses Berufsbildes wird darin gesehen, dass Motivationen, Erwartungen und Bedürfnisse der Freiwilligen mit den Zielen, Aufgaben und Interessen der Organisationen in den Mittelpunkt gestellt werden, wobei sich nicht die Freiwilligen der Organisation anzupassen haben, sondern die Organisation zeitgemäße Engagementformen zugunsten ihrer Anliegen und Zielgruppen ermöglichen sollte (vgl. Biedermann 2002: 81). Freiwilligen-ManagerInnen nehmen somit eine Doppelfunktion wahr: Einerseits richten sich ihre Aufgaben an die Betreuung und Anwerbung der Freiwilligen innerhalb einer Organisation und andererseits an die Bedürfnisse externer Organisationen und Interessensgruppen. Aus diesem Grund können Freiwilligen-ManagerInnen als eine Art ‚Bindeglied' verstanden werden, da sie eine Mittlerrolle wahrnehmen und sich an der Schnittstelle von Organisation und Umwelt befinden (vgl. Biedermann 2002: 82). Darüber hinaus wird es als ihre Aufgabe angesehen Lobbyarbeit für freiwilliges Engagement zu leisten, denn Sie gelten als Akteure bei der Entwicklung förderlicher Rahmenbedingungen für bürgerschaftliches Engagement.

Es wird vermutet, dass Freiwilligen-Management nur dann sinnvoll und gewinnbringend sein kann, wenn entsprechende Qualifikationen eingebracht werden. Die Schlüsselkompetenzen, über die Freiwilligen-ManagerInnen verfügen sollten, lassen sich drei Gruppen zuordnen: Zum einen sollen sie über spezifische Fachkompetenzen im Management von Freiwilligen und über allgemeine Kenntnisse der Freiwilligenarbeit, wie gesetzliche Bestimmungen, verfügen. Zum anderen sollten sie Methodenkompetenzen wie Kenntnisse im Projektmanagement oder in der Öffentlichkeitsarbeit besitzen. Um ihrer Mittlerrolle gerecht zu werden, sollten Freiwilligen-ManagerInnen zudem über diverse Sozialkompetenzen wie Team- und Kommunikationsfähigkeit, verfügen (vgl. Biedermann 2002: 81). Es ist evident, dass ein so junger Beruf noch relativ unklar in seinen Konturen ist, weshalb überall dort, wo Freiwilligen-ManagerInnen ihren Aufgaben nachgehen, sehr unterschiedliche Tätigkeitsstandards entstehen. Ähnlich ist es mit den beruflichen Rollenerwartungen, denn sie können nur dort entstehen, wo Freiwillige in Freiwilligen-ManagerInnen ihre(n) AnsprechpartnerIn finden. Ein Tätigkeitsfeld entwickelt sich, das offen ist und vielfältig konturiert (vgl. Kegel et al. 2006: 20f). Die Akademie für Ehrenamtlichkeit Deutschland (fjs) e.V. hat deshalb Tätigkeitsstandards entwickelt, die die aus dem gesamten Bundesgebiet kommenden AbsolventInnen in ihrer täglichen Arbeit verbreiten sollen. Es wurde ein Prozessmodell bestehend aus acht aufeinander aufbauenden Schritten entwickelt, das in Abbildung 5 „Der Prozess des Freiwilligenmanagements" (Seite 33) dargestellt ist und als Zeichen einer Standardisierung bzw. Professionalisierung von Freiwilligen-Management betrachtet werden kann.

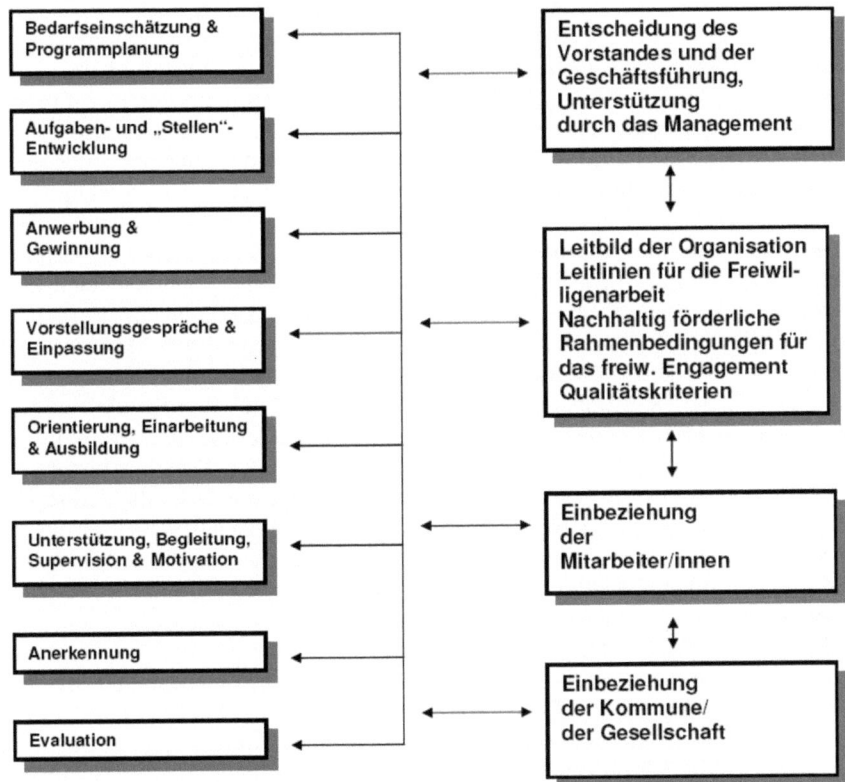

Abbildung 5: Der Prozess des Freiwilligenmanagements

(Quelle: Kegel et al. 2006: 6)

Kegel geht davon aus, dass Freiwilligen-ManagerInnen, trotz ihrer besonderen Rolle, nicht die einzigen Ansprechpersonen für Freiwillige darstellen sollten. Er plädiert für eine Einbindung ihrer Funktion in ein internes Netzwerk bestehend aus Vorstand, Geschäftsführung, Hauptamtlichen und Freiwilligen, die alle gemeinsam an der Weiterentwicklung des Freiwilligen-Managements arbeiten. Neben der Unterstützung durch das Management hält er auch eine grundsätzliche Befürwortung des Freiwilligen-Managements durch die Organisation für notwendig. Es sollte insbesondere Klarheit über die Folgekosten bestehen, denn freiwilliges Engagement ist heute weder umsonst noch kostenlos zu haben (vgl. Kegel 2002: 94). Die Bereitschaft, Ressourcen zu investieren und den Prozess durch eine(n) qualifizierte(n) Freiwilligen-ManagerIn zu begleiten, sollte sichergestellt werden. Neben diesen organisationsinternen Bedingungen werden auch förderliche äußere Rahmenbedingungen als nützlich erachtet. Dazu gehören das Ansehen freiwilligen Engagements in der Öffentlichkeit und die Existenz einer engagementfördernden Infrastruktur (vgl. Kegel 2002: 93f). Ferner wird gefordert, dass das Engagement Freiwilliger eine eigenständige Managementaufgabe darstellen sollte (vgl. Kegel 2002: 94). Von einer Ansiedlung an Marketing- und/oder Personalabteilungen wird abgeraten, damit Freiwilligen-ManagerInnen ihrer Mittlerrolle gerecht werden können. Erst so ist es möglich Kritikern, die bspw. eine reine PR-Kampagne vermuten, den ‚Wind aus den Segeln' zu nehmen. Es wird angenommen, dass eine Professionalisierung des Freiwilligen-Managements unternehmensintern dazu beitragen könnte, Projekte besser mit betrieblichen Funktionen wie Aus- und Weiterbildung, mit Öffentlichkeitsarbeit und politischem Lobbying zu verzahnen. Auf das gesellschaftliche Umfeld bezogen, könnte eine enge Zusammenarbeit mit Partnern aus Sozial- und Bildungseinrichtungen oder Umweltgruppen das „Problemwissen und damit die Zielgenauigkeit" (Habisch 2003: 20) der eingesetzten Mittel entscheidend erhöhen. Diese neue Form der Unternehmenskommunikation könnte ferner dazu beitragen der Organisation Akzeptanz zu verschaffen, indem ihr „Emotionalität, die real statt inszeniert wirkt" (Schöffmann 2001b: 20) zugesprochen wird.

Auf die Frage, wer eine solche Rolle übernehmen könnte, plädiert Schwarz, dass insbesondere SozialwissenschaftlerInnen und Menschen mit vergleichbaren Berufsqualifikationen in der Lage sind, das Projekt- und Prozessmanagement für politische Kampagnen, Initiativen oder Aktionen kompetent zu übernehmen und die damit verbundenen Organisations- und Kommunikationsleistungen zu erbringen oder zu koordinieren (vgl. Schwarz 2006: 293). Allerdings ist zu vermuten, dass schon bald spezialisierte Masterstudiengänge den SozialwissenschaftlerInnen diesen Rang ablaufen werden.

2.4 Zwischenfazit

Obwohl bürgerschaftliches Engagement eine lange Tradition in Deutschland hat, gewinnt das Thema seit den 90er Jahren erneut an Aufmerksamkeit. Als ausschlaggebende Faktoren werden einerseits der identifizierte gesellschaftliche Wertewandel sowie der Strukturwandel bürgerschaftlichen Engagements angeführt. Andererseits spielen auch die Debatte um die Krise des Wohlfahrtsstaats sowie die Diskussion um die Folgen globaler wirtschaftlicher Prozesse hierbei eine Rolle.

In Zusammenhang mit Globalisierungsprozessen sehen sich insbesondere Unternehmen einer vermehrten Aufmerksamkeit seitens der Öffentlichkeit und der Politik gegenüber, weshalb sich die Frage nach ihrer gesellschaftlichen Verantwortung stellt. Seither gewinnt das Thema CSR, also die Frage nach der freiwilligen Selbstverpflichtung von Unternehmen über gesetzliche Bestimmungen hinaus, nicht nur in den Medien, sondern auch am Kapitalmarkt zunehmend an Bedeutung. Da aber CSR eher als eine gesellschaftspolitische Bewertung innerbetrieblicher Abläufe verstanden wird, rückt das Konzept von CC, also die Rolle des guten Unternehmensbürgers in der Gesellschaft, und sein Verhältnis zur relevanten Umwelt, zunehmend in den Vordergrund. Dabei wird insbesondere seit den 90er Jahren CV, also dem gesellschaftlichen Engagement von Unternehmen und dem ihrer MitarbeiterInnen, eine hohe Aufmerksamkeit geschenkt.

Indem gewinnorientierte Unternehmen durch CV zunehmend häufiger mit NPOs kooperieren, sehen sich beide Seiten mit neuen Herausforderungen und Problemen konfrontiert. Hilfe könnten hier Freiwilligen-ManagerInnen bieten, die sich an der Schnittstelle von Organisation und Umwelt befinden und dazu beitragen, die Zusammenarbeit zu koordinieren sowie die Kommunikation zu fördern, damit CV zu einem Gewinn für alle Beteiligten werden kann.

Da CV-Projekte und vor allem auch Freiwilligen-ManagerInnen zunächst einmal mit Kosten für die Organisation verbunden sind, stellt sich die Frage, warum diese Programme und Stellen geschaffen werden und welchen Gewinn sich die Organisationen davon erhoffen. Eine Erklärung, wie CV einer Organisation zu Erfolg verhelfen und das Überleben sicher kann, und warum nicht nur auf den Faktor Kosten geschaut werden sollte, vermag die neoinstitutionalistische Organisationstheorie zu geben, die nun vorgestellt werden soll.

3 Neo-Institutionalismus als theoretische Perspektive

Ende der 1970er und Anfang der 1980er Jahre hat die amerikanische Organisationswissenschaft eine Theorie hervorgebracht, die sich in fundamentaler und charakteristischer Weise von anderen dominanten Ansätzen der Organisationswissenschaft der letzten vierzig Jahre unterscheidet. Diese als Neo-Institutionalismus (NI)[12] bezeichnete Organisationstheorie zählt heute zu den bedeutendsten Organisationstheorien in den USA und in Europa und hat auch im deutschsprachigen Raum seit Mitte der 1990er Jahre zunehmend Verbreitung gefunden (vgl. Walgenbach/Meyer 2008: 13). Mit dem NI wird sich in dieser Arbeit einer Theorie bedient die zur Klärung der eingangs aufgeworfenen Fragestellung als besonders fruchtbar betrachtet werden kann. Einige wesentliche Unterschiede zu anderen Organisationstheorien sollen hier kurz erläutert werden.

Der NI grenzt sich bspw. vom kontingenztheoretischen Ansatz[13] ab (im deutschen Sprachraum auch als „Situativer Anatz" bekannt), in dessen Zentrum die technische aufgabenbezogene Umwelt von Organisationen steht. Das Augenmerk des NI hingegen richtet sich auf die kulturelle oder institutionelle Umwelt von Organisationen. Dieser Perspektivenwechsel trägt dazu bei, dass sich der Faktor, der als bestimmend für das Überleben einer Organisation angesehen wird, verändert. Während die Kontingenztheoretiker argumentierten, dass die Effizienz der Arbeits- und Tauschprozesse den Fortbestand einer Organisation sichern, gehen die Neo-Institutionalisten davon aus, dass das Überleben einer Organisation in erster Linie von der ihr zugesprochenen Legitimität abhängig ist (vgl. Walgenbach/Meyer 2008: 12f). Damit können im NI organisationale Praktiken oder auch strukturelle Organisationseigenschaften, die als „nicht-ökonomisch" bezeichnet werden und die es „eigentlich nicht geben dürfte", erklärt werden (Senge/Hellmann 2006: 14f).[14] Neo-Institutionalisten gehen deshalb auch davon aus, dass Motive, für rationale und bewusst herbeigeführte Entscheidun-

---

[12] In dieser Arbeit ist immer der soziologische Neo-Institutionalismus gemeint, wenn von „Neo-Institutionalismus" die Rede ist. Unterschieden werden damit neo-institutionalistische Strömungen in der Soziologie, der Politikwissenschaft und der Ökonomie (vgl. Senge/Hellmann 2006b: 7).
[13] Die Kontingenztheorie war in den 1960er Jahren einer der dominierenden Organisationstheorien. Eine ausführliche Darstellung bietet u. a. Kieser (vgl. Kieser 2006: 215ff).
[14] Eine Zusammenfassung zur Abgrenzung des NI von ökonomischen Perspektiven bietet u. a. die Dissertation von Senge (vgl. Senge 2005: 30ff).

gen, aufgrund unbewusster institutioneller Einflüsse entstehen. Somit wird rationales Handeln im NI nicht wie bspw. im Rational-Choice-Ansatz[15] als grundlegende Prämisse der Theorie angesehen, sondern erst in seinen sozialen Zusammenhängen erklärt (vgl. Senge/Hellmann 2006b: 17).

Der NI als organisationssoziologische Theorie ist allerdings nicht so neu, wie man nach obiger Ausführung vermuten mag. Bereits das Präfix „Neo" gibt Hinweise darauf, dass es sich um eine historisch rückgewandte Theorie handelt. Die Ursprünge finden sich im so genannten „alten" Institutionalismus der 1950er Jahre zu dessen Vertretern u. a. Robert Merton und Philip Selznick zählen. Sowohl die „alten" als auch die „neuen" Institutionalisten distanzieren sich von der Vorstellung, dass organisationales Handeln überwiegend auf ökonomischen rationalen Entscheidungen beruht. Der „alte" Institutionalismus grenzt sich aber insofern vom NI ab, als dass er seine Aufmerksamkeit primär auf einzelne Organisationen richtet während im NI organisationale Felder, also Gruppen von Organisationen, im Zentrum der Betrachtung stehen (vgl. Walgenbach/Meyer 2008: 12f). Ferner beschäftigen sich die „alten" Institutionalisten in erster Linie mit den normativen Dimensionen von Institutionen (vgl. Senge/Hellmann 2006b: 14). Im NI hingegen stehen nicht mehr die formalen und informalen Handlungen einzelner Akteure im Zentrum der Betrachtung, sondern die kognitiven Dimensionen von Institutionen treten in den Vordergrund. Es werden also unhinterfragte und unreflektierte Selbstverständlichkeiten des Alltags thematisiert (vgl. Walgenbach/Meyer 2008: 12f).

Die Arbeiten der ersten Generation von Organisationswissenschaftlern wiederum finden ihre Ursprünge in der Soziologie Max Webers, dessen idealtypische Darstellung der bürokratischen Organisation als zentrales Gründungsdokument der Organisationssoziologie angesehen wird (vgl. Senge/Hellman 2006b: 9). Bürokratie, so Weber, ist eine Form der legalen Herrschaft, die auf dem Glauben an die Legitimität gesatzter Ordnungen und des Anweisungsrechts der durch sie zur Ausübung der Herrschaft berufenen Amtsträger beruht (vgl. Weber 1973/1922: 151f). Allerdings geht die neoinstitutionalistische Organisationstheorie über die technisch-funktionalistische Interpretation Webers hinaus, denn im NI wird sowohl Autorität als auch Organisationskompetenz zu einer Makroebene erhoben, welche aus gesichert geltenden Annahmenbündeln und Regeln zusammengesetzt ist und als „Schablone des Organisierens" (Walgenbach 2006: 354) dient. Die Umwelt der Organisation generiert politischen und sozialen Druck zur Konformität, der die Ausgestaltung der Organisation unabhängig von Effizienzerwägungen prägt.

---

[15] Eine ausführliche Darstellung über den Rational-Choice-Ansatz bietet u. a. Peter Kappelhoff (vgl. Kappelhoff 1997: 218ff).

Kritik erfährt der NI vor allem deshalb, weil einige zentrale Termini wie der Schlüsselbegriff „Institutionen" unzureichend klar definiert ist. Allerdings ist gerade die Bedeutung des gesellschaftlichen Umfeldes, also die institutionelle Gebundenheit organisationalen Handelns, der Einfluss von Kultur und Werten auf Organisationen das, was den NI so stark macht (vgl. Senge/Hellmann 2006b: 8).

3.1 Die zentralen Texte

Die Beschreibung des NI gliedert sich in zwei Teile. Zunächst sollen die Ende der 1970er bzw. Anfang der 1980er Jahre entstandenen drei grundlegenden Argumentationslinien von John W. Meyer und Brian Rowan, von Paul J. DiMaggio und Walter W. Powell sowie von Lynne G. Zucker vorgestellt werden. Obwohl sich alle drei AutorInnen(paare) mit der Frage beschäftigen, wie Organisationen mit gesellschaftlich institutionalisierten Erwartungen umgehen, bestehen zwischen ihren Ausführungen teilweise erhebliche Unterschiede und unterschiedliche Schwerpunktsetzungen, die hier herausgearbeitet werden. Darauf aufbauend werden die wichtigsten Begriffe dieser Theorie ausführlich erläutert sowie einige durch Kritik hervorgebrachte Weiterentwicklungen dargestellt, denn die theoretische Grundlage des NI ist mit ihren drei Textbeiträgen „vergleichsweise dünn" (Hasse/Krücken 1999: 51). Deshalb haben die in den zentralen Texten postulierten Annahmen über das Funktionieren und Handeln von Organisationen zu einer Vielzahl an Weiterentwicklungen und auch zu empirischen Arbeiten geführt die gleichsam berücksichtigt werden sollten.

3.1.1 John W. Meyer und Brian Rowan

Der erste zentrale Aufsatz zum NI wurde von John W. Meyer und Brian Rowan im Jahre 1977 geschrieben, der den Titel „Institutionalized Organizations: Formal Stucture as Myth and Ceremony" trägt. Die Autoren führen in diesem Aufsatz aus, dass Überleben und Erfolg von Organisationen nicht bloß vom Ausmaß ihrer Formalität und Effizienz abhängen, sondern ebenso von ihrer Fähigkeit und Bereitschaft, bestimmten Erwartungen (Institutionen) gerecht zu werden, denen sie sich insbesondere im Außenbereich gegenübersehen (vgl. Hellmann 2006: 78). Im Mittelpunkt der Betrachtung steht für die Autoren folglich nicht mehr die Organisation als solche, sondern die gesellschaftliche Einbettung von Organisationen sowie die zentrale Rolle des sozialen und kulturellen Umfeldes (vgl. Walgenbach/Meyer 2008: 24). Die Organisation ist in einem institutionellen Kontext eingebettet, der von unterschiedlichen Rationalitätsvorstellungen, also Annahmen, Vorstellungen und Erwartungen, wie eine Organisation gestaltet sein soll, geprägt ist. Meyer und Rowan argumentieren, dass insbesondere moderne Gesellschaften über weit mehr Bereiche mit rationalisierten Institutionen verfügen, so dass die Struktur der rationalisierten Institutionen dort insgesamt ausgedehnter ist als in weniger modernen Gesellschaften. Aus diesem Grund werden Regeln und Erwartungen, mit denen sich Organisationen konfrontiert sehen, zunehmend erweitert und betreffen immer weitere Teilaspekte, denen sie Rechnung tragen müssen (vgl. Meyer/Rowan 1977: 345).

Die einmal institutionalisierten Vorstellungssysteme rationaler Organisationen werden als rationale Mythen bezeichnet, die einen bindenden Charakter entfalten. Dieser von Meyer und Rowan verwendete Begriff der Rationalitätsmythen bezeichnet

> „Regeln und Annahmengefüge, die rational in dem Sinne sind, dass sie soziale Ziele bestimmen und in regelhafter Weise festlegen, welche Mittel zur rationalen Verfolgung dieser Zwecke angemessen sind (vgl. Walgenbach/Meyer 2008: 26).

Durch die Übernahme institutioneller Strukturelemente und Managementpraktiken zeigen sich Organisationen mit den Erwartungen ihrer Umwelt konform, weshalb ihnen Legitimität zugesprochen und der überlebenswichtige Ressourcenfluss gesichert wird. Die Übernahme dieser Rationalitätsmythen führt zu einer zunehmenden Isomorphie, d. h. zu einer Strukturangleichung zwischen der formalen Struktur einer Organisation und den institutionalisierten Erwartungen der Umwelt (vgl. Meyer/Rowan 1977: 346). Insofern können Organisationen, vorausgesetzt sie werden den an sie herangetragenen Erwartungen gerecht, sogar dann überleben, wenn dies unter Gesichtspunkten der Effizienz, Ökonomie und Rationalität längst nicht mehr gelingen würde (Hasse/Krücken 1999: 53). Erstaunlich erscheint – vor allem in Anbetracht der Argumentation dieser Arbeit – die Behauptung der Autoren, dass die Effizienzwirkung vieler struktureller Elemente oder Managementpraktiken, die von Organisationen übernommen werden, unklar ist, da die Wirkung nicht in objektiver Weise, bspw. durch empirische Tests, überprüft werden kann. Für die Adaption reicht allein der Glaube an die Wirksamkeit und Effizienz dieser Strukturelemente und Managementpraktiken in der für die Organisation relevanten Umwelt (vgl. Walgenbach/Meyer 2008: 25). Das heißt, dass viele der in Organisationen vorzufindenden Programme, Stellen, Abteilungen und Verfahrensweisen allein in Reaktion auf die Forderungen und Erwartungen wichtiger Anspruchsgruppen eingerichtet werden (vgl. Meyer/Rowan 1977: 344).

Indem Organisationen im NI maßgeblich von der institutionellen Umwelt abhängen sehen sie sich mit zwei Problemen konfrontiert: Einerseits, haben

Organisationen sowohl mit Anforderungen der Aufgabenumwelt als auch mit Legitimitätsanforderungen der institutionellen Umwelt zu kämpfen, die häufig miteinander in Konflikt stehen. Andererseits sind die Anforderungen der institutionellen Umwelt oftmals weder einheitlich noch widerspruchsfrei (vgl. Meyer/Rowan 1977: 355). Meyer und Rowan haben vier Lösungen erarbeitet, wie Organisationen mit diesen Problemen umgehen können. Dazu gehören:

1. Widerstand oder Zurückweisung der Anforderung aus der institutionellen Umwelt,
2. rigide Befolgung der Anforderungen der institutionellen Umwelt,
3. Eingeständnis, dass die Formal- und Aktivitätsstruktur diskrepant sind,
4. Versprechen baldiger Reformen (vgl. Meyer/Rowan 1977: 356).

Die Autoren räumen ein, dass diese Lösungsansätze eher suboptimal sind, da Organisationen in der Regel weder allen Umweltanforderungen gerecht werden noch sie alle gleichermaßen ernst nehmen können. Aus diesen Gründen bevorzugen Organisationen häufig eine so genannte Entkopplung, die Logik des Vertrauens und guten Willens sowie das Mittel zeremonieller Inspektionen und Evaluationen (vgl. Becker-Ritterspach/Becker-Ritterspach 2006: 107). Was hierunter zu verstehen ist, soll nun ausgeführt werden.

3.1.1.1 Entkopplung

Eine der zentralen Fragen, um deren Lösung sich Meyer und Rowan in ihrem Aufsatz bemühen, ist, was mit Organisationen passiert, die zwar ihre Formal-, nicht aber ihre Aktivitätsstruktur ändern. Ihre Antwort hierauf lautet: Nicht viel, denn sollte es bspw. zu einem Konflikt zwischen den rein ökonomischen Kostenzielen eines Unternehmens und der sozialen Verantwortung kommen, müssen Organisationen, um die mit diesen unterschiedlichen Anforderungen einhergehenden Konflikte zu lösen, diese beiden strukturellen Elemente voneinander trennen. Das bedeutet, dass die nach außen hin sichtbare Formalstruktur sich von der nach innen hin sichtbaren Aktivitätsstruktur trennen muss, so dass die dargestellten Aktivitäten bis hin zu einer rein zeremoniellen Fassade verkommen (vgl. Hasse/Krücken 1999: 14f). Da in diesen Fällen den gesellschaftlichen Rationalitätsmythen der Innovation und Rationalität nur rein formal entsprochen wird, sprechen die Autoren hier von einer so genannte Entkopplung („decoupling") (vgl. Meyer/Rowan 1977: 356f). Diese nur lose Kopplung wird von den Autoren als Versuch verstanden, inkonsistente Erfordernisse möglichst effektiv zu bewältigen um die Überlebensfähigkeit der Organisation sicherzustellen.

Entkopplung kann aber auch bedeuten, dass eine Trennung zwischen unterschiedlichen strukturellen Elementen der Organisation erfolgt, z. B. durch die Bildung unterschiedlicher Abteilungen und der Professionalisierung von Stellen. Schließlich trägt Professionalisierung als solche dazu bei, sowohl innerhalb als auch außerhalb einer Organisation eine Aura aus Vertrauen und Zuversicht herzustellen (vgl. Meyer/Rowan 1977: 358). Auch die Verwendung des richtigen Vokabulars trägt zur Sicherung der Legitimität einer Organisation bei, denn

> „erst die Verwendung von Bezeichnungen und Labels legitimer formaler Strukturen und legitimer Ziele zur Beschreibung der Organisation bestätigt die Erwartung, dass die formale Struktur den institutionalisierten Regeln entspricht, und führt dazu, dass die Organisation einwandfrei und rational erscheint, auch wenn es sich dabei um reine Lippenbekenntnisse handelt, durch die eine Legitimitätsfassade aufgebaut wird" (Walgenbach/Meyer 2008: 31).

Begründet wird diese Annahme damit, dass interne und externe Akteure, wie bspw. MitarbeiterInnen, potentielle BewerberInnen oder KapitalgeberInnen dazu neigen, Signale und Praktiken von Organisationen nicht zu hinterfragen, weil sie gutgläubig davon ausgehen, dass Organisationen die Verfahrensweisen und Prozesse in ihre Unternehmenspolitik und Organisationsstruktur verankern und diese in sinnvoller Weise umsetzen. Deshalb sind sie gewillt, Arbeitsleistung oder Kapital zur Verfügung zu stellen (vgl. Walgenbach/Meyer 2008: 31).

3.1.1.2 Logik des Vertrauens und guten Willens

Indem der Organisationserfolg weniger von einer erfolgreichen „Zweck/Mittel-Optimierung" (Becker-Ritterspach/Becker-Ritterspach 2006: 106) zwischen der formalen Struktur und der Organisationsaufgabe abhängt, spielt das Vertrauen, das die Umwelt der Organisation entgegenbringt, eine maßgebliche Rolle (vgl. Meyer/Rowan 1977: 357). Da in der Regel keine direkte Überprüfung erfolgt, ob institutionelle Strukturelemente oder Managementpraktiken übernommen worden sind, versuchen Organisationen sowohl Konformität als auch Vertrauenswürdigkeit zu signalisieren. Auch das Einstellen von spezialisierten MitarbeiterInnen oder ExpertInnen in den Bereichen, die mit den institutionalisierten Anforderungen konfrontiert werden, kann dazu beitragen, dass einer Organisation Legitimität zugesprochen wird. Dadurch kann nicht nur das Vertrauen, sondern auch der Mythos, mit dessen Hilfe die Existenz der Organisation gesichert wird, aufrechterhalten werden (vgl. Walgenbach/Meyer 2008: 31).

Dass Organisationen mehr als nur materielle Ressourcen benötigen, resultiert zudem aus der Feststellung, dass Organisationen und deren Handlungen zunehmend ganzheitlich betrachtet werden und der Gesichtspunkt des kurzfristigen betriebswirtschaftlichen Erfolgs immer weiter schwindet. Deshalb sind Organisationen neben Vertrauen auch zunehmend auf Akzeptanz und Glaubwürdigkeit angewiesen (vgl. Scott 2001: 58), die ihnen nur von außen zugesprochen werden können. Da weder Akzeptanz noch Glaubwürdigkeit aus einzelnen Elementen oder Aktionen gewonnen werden kann, müssen sie immer aus der Gesamtheit aller Aktivitäten einer Organisation resultieren. Die Anpassung an institutionalisierte Erwartungen ist somit keinesfalls irrational. Legitimität bringt durchaus Wettbewerbsvorteile für eine Organisation und kann bewirken, dass der Zufluss an Ressourcen steigt, wie in dem von Meyer und Rowan entworfenem Schaubild „Erfolg einer Organisation" in Abbildung 6 dargestellt.

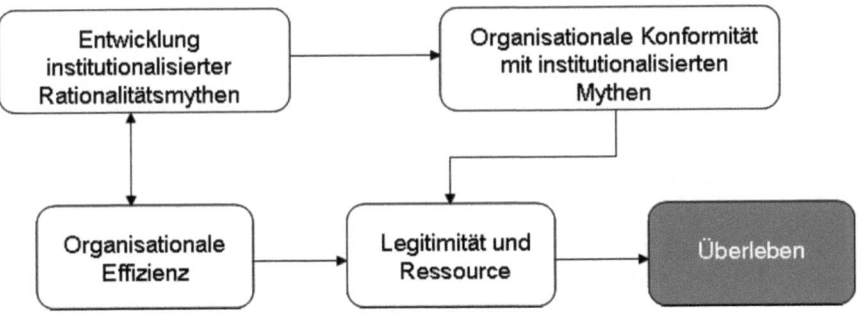

Abbildung 6: Erfolg einer Organisation

(Quelle: Mayer/Rowan 1977: 353)

3.1.1.3 Zeremonielle Inspektionen und Evaluationen

Fraglich ist im Zuge der vorangegangenen Argumentation, wie lange solche Rationalitätsmythen aufrechterhalten werden können, wenn die Diskrepanz zwischen Formal- und Aktivitätsstruktur zu groß wird. Auch VertreterInnen des NI halten die Möglichkeit der Entkopplung – zumindest langfristig – nicht für gegeben (vgl. Walgenbach/Meyer 2008: 82). Es ist davon auszugehen, sollte die relevante Umwelt einer Organisation auf die Schliche kommen, dass alles mehr ‚Schein als Sein ist', dass diese Organisationen mit großen Vertrauens- und damit auch mit großen Legitimitätsverlusten rechnen müssen. Aus diesem Grund ist es erforderlich, so Meyer und Rowan, dass Organisationen versuchen, Überprüfungen und Evaluierungen durch Organisationsmitglieder und externe Anspruchsgruppen zu minimieren (vgl. Meyer/Rowan 1977: 359).

3.1.2 Paul J. DiMaggio und Walter W. Powell

Den zweiten wichtigen Beitrag zur neoinstitutionalistischen Organisationstheorie haben die Autoren Paul J. DiMaggio und Walter W. Powell im Jahre 1983 verfasst und insbesondere den Aspekt der Isomorphie ausgeführt. Dieser Aufsatz mit dem Titel „The Iron Cage Revisted: Institutional Isomorphism and Collective Rationality in Organizational Fields" orientiert sich an der von Meyer und Rowan skizzierten Forschungslinie der Strukturähnlichkeit (Homogenität) zwischen Organisationen, präzisiert ihn aber in zweierlei Hinsicht: Zum einen wird der Begriff des organisationalen Feldes eingeführt, zum anderen werden konkrete Mechanismen zur Herstellung von Isomorphie benannt. Mit organisationalen Feldern sind solche Organisationen gemeint,

> „die in der Aggregation einen deutlich abgrenzbaren Bereich institutionellen Lebens darstellen: Lieferanten von Inputfaktoren, Abnehmer von Produkten und Leistungen, Behörden und andere Organisationen, die ähnliche Produkte oder Dienste anbieten" (Walgenbach/Meyer 2008: 33).[16]

Organisationen, die einem solchen organisationalen Feld angehören, sind also in einem gemeinsamen Sinnsystem eingebunden, das sich durch aufeinander bezogenes Handeln und gemeinsame Regulationsmechanismen zu erkennen gibt (vgl. Walgenbach 2006: 368). Dabei ist für die Argumentation dieser Arbeit von besonderer Bedeutung, dass der Begriff des organisationalen Feldes weiter gefasst ist als bspw. der der Branche. Die Analyse eines Feldes beschränkt sich nämlich nicht nur auf Beziehungen, die sich aus dem Wettbewerb zwischen Organisationen ergeben. Vielmehr wird die gesamte institutionelle Struktur einbezogen, in der Organisationen operieren. Es werden also – und das ist hier entscheidend – *alle* Organisationen einbezogen, die einen Einfluss auf die Struktur, das Verhalten und das Überleben einer Organisation haben (vgl. Walgenbach/Meyer 2008: 34). Dabei sind sowohl direkte als auch indirekte Austauschbeziehungen gemeint. Eine weitere Präzisierung des Begriffs nahm Hoffmann im Jahre 1999 vor. Er geht davon aus, dass das für eine Untersuchung relevante organisationale Feld sich nicht um eine bestimmte Technologie oder einen bestimmten Markt formiert, sondern dass Themen dieses Feld definieren. Hoffmann geht davon aus, dass insbesondere durch neue Themen Verbindungen zwischen Organisationen entstehen, zwischen denen zuvor keine Verbindung bestanden hat (vgl. Walgenbach 2002: 171). Um eine Antwort auf die Frage zu finden, wie sich die Struktu-

---

[16] „By organisational fields, we mean those organizations that, in the aggregate, constitute a recognized area of institutional life: key supplies, resource and product consumers, regulatory agencies, and other organizations that produce similar services or products" (DiMaggio/Powell 1983: 148).

rierung eines organisationalen Feldes ergibt, haben DiMaggio und Powell vier Kriterien erarbeitet:

1. Zunahme von Interaktionen zwischen den Organisationen im Feld,
2. Herausbildung von Verhältnissen der Über- und Unterordnung sowie Koalitionen zwischen Organisationen im Feld,
3. Anwachsen der Informationslast, die die Organisationen im Feld bewältigen müssen,
4. Herausbildung eines Bewusstseins in den Organisationen, dass sie einem gemeinsamen organisationalen Feld angehören (vgl. DiMaggio/Powell 1983: 148).

Dadurch dass sich Organisationen im Feld aneinander orientieren und aufeinander bezogene Aktivitäten entfalten, reduzieren sich ihre Unterschiede und die Organisationen gleichen sich immer weiter an. Die Ähnlichkeit mit anderen Organisationen erleichtert es einer Organisation dann, Beziehungen zu ihrer Umwelt aufzubauen und aufrechtzuerhalten, weil sie legitime Strukturelemente und Verfahren benutzt (vgl. DiMaggio/Powell 1983: 148). DiMaggio und Powell weisen weiter darauf hin, dass insbesondere die „frühen Adaptoren" organisationaler Innovation von dem Gedanken geleitet werden, ihre Präsenz zu verbessern, weshalb es ihnen möglich ist, ihre Umwelt zu dominieren. Alle weiteren Adaptoren passen sich diesem Prozess lediglich an (vgl. DiMaggio/Powell 1983: 148f). Die drei institutionellen Mechanismen der Isomorphie, die von DiMaggio und Powell identifiziert wurden, sollen nun vorgestellt werden.

3.1.2.1 Isomorphie durch Zwang

Ein erstes Indiz für eine Strukturangleichung von Organisationen ist die Isomorphie durch Zwang („coercive isomorphism"). Diese resultiert aus einem „politisch motivierten Einfluss auf Organisationen und aus der Notwendigkeit, dass Organisationen Legitimität zugesprochen bekommen müssen" (Walgenbach 2006: 369). Strukturgleichheit entsteht also einerseits als Folge des Drucks staatlicher Gesetzgebung als auch als Folge der Einflussnahme anderer Organisationen, von denen Abhängigkeit besteht. Andererseits können auch Erwartungen und Anforderungen einer Gesellschaft eine Isomorphie durch Zwang bewirken. Zwänge können also sowohl formell als auch informell sowie extern oder selbst auferlegt sein. So haben bereits Meyer und Rowan 1977 festgestellt, dass der Staat in vielerlei Hinsicht das Verhalten und die Struktur von Organisationen beeinflussen kann (vgl. DiMaggio/Powell 1983: 150). Walgenbach und Meyer weisen aber auch darauf hin, dass es gar nicht notwendig ist, dass der Staat konkrete Vorgaben über die Art und Weise der Umsetzung seiner Vorgaben in Organisationen treffen muss, um eine Isomorphie durch Zwang zu bewirken (vgl. Walgenbach/Meyer 2008: 35).

Zwang kann aber auch in dieser globalisierten und durch Kommunikationsmedien vernetzten Welt, insbesondere in multinationalen Unternehmen, eine Rolle spielen und zwar immer dann, wenn bspw. Tochtergesellschaften bestimmte Praktiken, die mit denen der Muttergesellschaft kompatibel sind, aufgezwungen werden (vgl. DiMaggio/Powell 1983: 151). Aber auch bei Fusionen dürften Strukturangleichungen wahrgenommen werden können. Im Ergebnis führen also Zwänge, die sich in erster Linie aus Abhängigkeitsbeziehungen ergeben, dazu, dass Organisationen gleichgerichtet aufeinander reagieren oder direkte organisationale Modelle und Managementpraktiken übernehmen (vgl. Becker-Ritterspach/Becker-Ritterspach 2006: 109f).

3.1.2.2 Isomorphie durch Mimese

Strukturgleichheit durch mimetischen Prozess („mimetic processes") entsteht aus Unsicherheit und Uneindeutigkeit. DiMaggio und Powell gehen davon aus, dass Unsicherheit und Uneindeutigkeit Imitation und damit strukturelle Angleichung von Organisationen in einem Feld fördern. Unter diesen Bedingungen orientieren sich Organisationsgestalter an anderen Organisationen. Dabei gilt, je uneindeutiger und unsicherer die Situation aus Sicht der Organisationsleitung, ob die eingesetzten Mittel zur Erreichung der Ziele führen, je uneindeutiger die Ziele der Organisation und je größer die Unsicherheit, die von der Umwelt der Organisation ausgeht, desto wahrscheinlicher ist es, dass die Strukturen und Prozesse der eigenen Organisation nach dem Vorbild anderer Organisationen gestaltet werden. Dabei ist davon auszugehen, dass in der Regel nach Lösungen gesucht wird, die mit möglichst geringem Aufwand bestehende und wahrgenommene Probleme beheben und somit das Überleben der Organisation sichern (vgl. Walgenbach 2006: 370f). Kopien können dabei sowohl durch den Transfer von Personal als auch durch externe Beratungsfirmen oder errungene Innovationen erfolgen (DiMaggio/Powell 1983: 151).

Dieser Akt des Kopierens kann als Versuch verstanden werden, Prozesse und Praktiken innerhalb der Organisation zu optimieren. Dabei werden grundsätzlich die Organisationen kopiert und zum Vorbild genommen, die als erfolgreich wahrgenommen werden, oder genauer, die im organisationalen Feld als erfolgreich und legitim gelten. Indem dieser Prozess in vielen Organisationen zeitgleich abläuft, findet eine Strukturanpassung im Feld statt. Dieser Prozess wird zudem dadurch beschleunigt, dass Organisationen nur eine bestimmte Anzahl an Strukturvarianten zur Verfügung steht. Dies hat zur Folge, dass die Variation innerhalb des Feldes zurückgeht und dass dadurch wiederum die Geschwindigkeit der Homogenisierung steigt (vgl. DiMaggio/Powell 1983: 152).

3.1.2.3 Isomorphie durch normativen Druck

Strukturgleichheit durch normativen Druck („normative pressures") steht in einem engen Zusammenhang mit der zunehmenden Professionalisierung in der modernen Gesellschaft. DiMaggio und Powell zufolge äußert sich Professionalisierung

> „in den Bemühungen einer Berufsgruppe, die Rahmenbedingungen und die Inhalte ihrer Arbeit zu definieren, um die ‚Produktion der Produzenten' bestimmter Arbeitsleistungen zu steuern und eine gemeinsame kognitive Orientierung unter den Mitgliedern der Profession zu schaffen" (Walgenbach 2006: 371f, vgl. DiMaggio/Powell 1983: 152).

Darüber hinaus kann die Professionalisierung eines bestimmten Berufs dazu dienen, eine Rechtfertigungsgrundlage für die Ausübung des Berufs zu schaffen. Dabei sind einzelne Professionen jedoch den beiden vorgenannten Mechanismen in gleicher Weise ausgesetzt wie andere Organisationen. Mitglieder einzelner Professionen weisen, obwohl sie in verschiedenen Organisationen arbeiten, hinsichtlich ihres Selbstverständnisses und hinsichtlich ihrer kognitiven Orientierung große Ähnlichkeiten auf. Begründet ist dies in den formal existierenden Ausbildungs- und Studiengängen. Somit sind diese auch Quelle von weiteren Kräften, die zu einer zunehmenden Angleichung von Organisationen führen, da dort die Grundlagen für die gemeinsame Orientierung und das gemeinsame Selbstverständnis der Mitglieder einer Berufsgruppe gelegt wird (vgl. DiMaggio/Powell 1983: 152). Darüber hinaus tragen auch Berufsverbände zu diesem Homogenisierungsprozess und der damit einhergehenden Verbreitung von normativen Regeln bei. Dadurch, dass die Mitglieder eines solchen Verbandes in der Regel in unterschiedlichen Organisationen tätig sind und innerhalb des Verbandes häufig miteinander agieren, z. B. durch Verbandszeitschriften, Kongresse oder Workshops, entsteht ein Netzwerk von Personen, durch das sich die Normen und Orientierungen schnell verbreiten (vgl. Walgenbach 2006: 372). Die hohe Legitimität, die formal definierten Ausbildungs- und Studiengängen – gerade in Deutschland – zugesprochen wird, sowie die Einbindung von Personen einer Profession in bestimmten Berufsverbänden trägt dazu bei, dass „ein Pool von mehr oder minder austauschbaren Personen mit nahezu identischen Orientierungen und Dispositionen entsteht" (Walgenbach 2006: 372). Dieser Prozess tritt nach DiMaggio und Powell umso stärker ein, je mehr sich die einzelnen Organisationen bei der Auswahl des Personals auf akademische Zeugnisse verlassen und je stärker die Mitglieder der Organisationen in Berufsverbänden organisiert sind. Damit unterstützt als dritter und letzter Mechanismus auch die Professionalisierung die Strukturierung des organisationalen Feldes (vgl. DiMaggio/Powell 1983: 153).

3.1.3 Lynne G. Zucker

Eine grundlegend andere Perspektive vertritt Lynne G. Zucker in ihrer Arbeit aus dem Jahre 1977, die den Titel „The Role of Institutionalization in Cultural Persistence" trägt. Im Gegensatz zu den Autorenpaaren Meyer/Rowan und DiMaggio/Powell, die die institutionelle Umwelt bzw. die institutionelle Makrostruktur als ausschlaggebendes Kriterium für die formale Struktur einer Organisation und das Verhalten von Organisationen bestimmen, nimmt Zucker in ihrer Arbeit eine mikroinstitutionalistische Perspektive ein. Sie geht davon aus, dass institutionelle Erwartungen nicht in der Umwelt, sondern innerhalb der jeweiligen Organisation entstehen und dass Organisationen selbst als die bestimmenden Institutionen in modernen Gesellschaften angesehen werden (vgl. Walgenbach 2006: 382).

Ihr Forschungsinteresse gilt insbesondere der Beständigkeit von Institutionen. Sie geht davon aus, dass Institutionen nicht bloß als gegeben oder nicht gegeben angesehen werden können, sondern dass sie als Variable verstanden werden müssten (vgl. Zucker 1977: 726). Dabei weist sie jedem Grad der Institutionalisierung einen unterschiedlichen Grad der Beständigkeit zu. Zucker hebt in ihrer Arbeit drei Aspekte der Beständigkeit einer Kultur hervor, die in Zusammenhang mit Institutionalisierung stehen:

1. Beständigkeit ist, wenn bestimmte Handlungsweisen von einer Generation an die nächste weitergegeben werden („transmission"), wobei der Grad der Uniformität des über Generationen hinweg gezeigten Verhaltens durch den Grad der Institutionalisierung bestimmt wird.
2. Beständigkeit ist ferner, wenn Handlungsweisen über Generationen erhalten bleiben („maintenance"), wobei das Ausmaß, in dem sie erhalten bleiben, wiederum durch den Grad der Institutionalisierung bestimmt wird.
3. Beständigkeit hängt von der Resistenz der Handlungsweisen gegen Veränderungsversuche ab („resistance to change"), wobei der Grad der Änderungsresistenz abermals vom Ausmaß der Institutionalisierung beeinflusst werden kann (vgl. Zucker 1977: 727).

Zucker interessieren in ihrer Arbeit vor allem die Institutionen und Handlungsweisen, die einen hohen Institutionalisierungsgrad aufweisen. Es ist ihr Anliegen zu zeigen, welche Wirkungen mit einem hohen Institutionalisierungsgrad von Handlungen verbunden sind. Sie geht davon aus, dass Handlungsweisen, die einen hohen Institutionalisierungsgrad aufweisen – also solche die in einem organisationalem Kontext verstanden werden – änderungsresistenter sind als solche, die auf persönliche Einflussnahme zurückzuführen sind (vgl. Zucker 1977: 729). Ein hoher Grad an Institutionalisierung liegt, so Zucker, dann vor, wenn Institutionen kognitiv so stark verankert sind, dass sie nicht mehr hinterfragt werden und als selbstverständlich gelten („taken for granted"). Sie geht ferner davon aus, dass es im Falle hoher Institutionalisierung keiner sozialen Kontrolle mehr bedarf. Im Gegensatz zu DiMaggio/Powell und Scott ist sie sogar der Auffassung, dass Sanktionen – sowohl positiver als auch negativer Art – sich kontraproduktiv erweisen können, da Zwang und Sanktionen eher ein Indiz dafür sind, dass Institutionen noch nicht kognitiv verankert sind (vgl. Zucker 1977: 741). Während also in stark institutionalisierten Kontexten Handlungen als gegeben hingenommen werden, werden sie in weniger institutionalisierten Kontexten im stärkeren Ausmaß vom persönlichen Einfluss einzelner Personen gelenkt (vgl. Zucker 1977: 729). Handlungen weisen somit für Zucker nicht per se eine bestimmte Bedeutung auf, sondern sind auch von der Situationsdefinition der Akteure abhängig (vgl. Zucker 1977: 728).

Die Grundlage ihrer Argumentation liegt in der Annahme begründet, dass sie die Realität für sozial konstruiert hält und dass Individuen in westlichen Gesellschaften ein intersubjektives Wissen über Handlungen in Organisationen besitzen (vgl. Zucker 1977: 729). Individuen haben also dass, was eine Organisation ausmacht, verinnerlicht. Zucker begreift deshalb Organisationen als in hohem Maße institutionalisierte Kontexte, die das Verhalten und das Interpretationsvermögen der Akteure prägen. Deshalb werden Organisationen selbst zu *den* bestimmenden Institutionen in modernen Gesellschaften erhoben. Es gelingt ihr, diese Annahme anhand von drei Laborexperimenten[17] zu belegen. So konnte sie herausfinden, dass eine Situation, die von einem Akteur ‚als eine Organisation' verstanden wird, ihn zu der Annahme verleitet, dass das Verhalten formal und weniger persönlich ist. Ferner wird dadurch bewirkt, dass der Akteur davon ausgeht, dass das Verhalten stärker reguliert und in höherem Maße strukturiert ist als in nicht organisationalen Kontexten. Kann zudem die Handlung mit einer bestimmten Position oder Stelle in einer Organisation in Verbindung gebracht werden, verstärkt sich diese Tendenz, da Handlungen von Stelleninhabern in

---

[17] Zum Versuchsaufbau und der genauen Beschreibung der drei Laborexperimente vgl. Zucker 1977: 730-739.

Organisationen generell als institutionalisiert angesehen werden (vgl. Zucker 1977: 740). Organisationen weisen somit für Zucker den Charakter eines sozialen Faktums auf, werden kontinuierlich reproduziert und befinden sich außerhalb des Individuums (vgl. Walgenbach 2002: 162).

3.2 Wichtige Begriffe und Weiterentwicklungen

Das Grundproblem der neoinstitutionalistischen Organisationstheorie stellt die Vagheit der ihr zugrunde liegenden Begriffe dar. So ist auch der am häufigsten hervorgebrachte Kritikpunkt, dass die zentralen Begriffe dieser Theorie – wie bspw. Legitimität und Institution – nicht hinreichend definiert sind (vgl. Walgenbach 2002: 163). Generell haben institutionalistische Ansätze mit dem Problem zu kämpfen, dass sie nicht eine einheitliche Theorie bilden, sondern dass unter dem Begriff viele heterogene Perspektiven zu finden sind. Neben dem dargestellten soziologischen existieren auch ein ökonomischer und ein politikwissenschaftlicher NI. Da diese verschiedenen Ansätze nicht immer stimmig sind, verbirgt sich hinter dem Begriff Institutionalismus eine Theorielandschaft, die sehr facettenreich und heterogen und folglich relativ unübersichtlich ist (vgl. Senge/Hellemann 2006: 7). Probleme bringt auch die mikro- und makroinstitutionalistische Ausrichtung des NI mit sich. Diese beiden Ansätze verfolgen ein unterschiedliches Erklärungsinteresse und verwenden somit zentrale Begriffe und Konzepte uneinheitlich. Bei den makroinstitutionalistischen Ansätzen bleibt aufgrund der unscharfen Darstellung unklar, durch wen und wie Rationalitätsmythen institutionalisiert werden, und warum einige organisationale Regelungen zu Institutionen werden, andere hingegen nicht (vgl. Walgenbach 2002: 177). Insbesondere die Autoren Mark C. Suchman und Richard W. Scott sowie die AutorInnenpaare Pamela Tolber und Lynne G. Zucker sowie David Strang und John W. Meyer haben einige dieser Begriffe und Ungenauigkeiten konkretisiert. Ihre Weiterentwicklungen sollen nun erläutert werden.

3.2.1 Legitimität

Da der Begriff der Legitimität seit Anbeginn des NI eine zentrale Rolle spielt soll hierauf noch einmal ausführlich eingegangen werden. In der Theorie stellt sie für jede Organisation ein hohes Gut dar, weil

> „Legitimität, d. h. die Integrität, Anerkennung und Vertrauenswürdigkeit einer Organisation, die ihr durch die Legitimation ihrer Klientel und anderen Akteuren zugeschrieben wird, zu ihrem Überleben und Erfolg wesentlich beiträgt" (Hellmann 2006: 75).

Der Begriff und sein Verständnis gründen auf der Herrschaftstheorie Max Webers. Entscheidend ist dabei die Annahme, dass „die Legitimität einer Herrschaft ohne die Legitimation der Beherrschten nicht denkbar ist" (Hellmann 2006: 76). Die einschlägige Definition von Legitimität stammt von Mark C. Suchman aus dem Jahre 1995. Suchman geht davon aus, dass drei Elemente diesen Begriff skizzieren. Demnach ist Legitimität erstens eine Zuschreibung, die sich zweitens auf Handlungen eines sozialen Gebildes bezieht, der drittens Attribute des Wünschenswerten, Korrekten oder Angemessenen zugeschrieben werden, die wiederum einem bestimmten Werte-, Normen- Glaubens- und Begriffssystem entstammen.[18] In Abhängigkeit davon, was eine Organisation mit der ihr zugeschriebenen Legitimität erreichen will, können sich daraus gleich mehrere Folgen ergeben. Einerseits kann Legitimität zu mehr Stabilität und Sinnhaftigkeit beitragen, wobei es selten gelingt beides gleichzeitig zu erreichen. Andererseits kann sie dazu beitragen, die Existenz einer Organisation zu rechtfertigen (passive Unterstützung) oder sie als besonders wichtig und wertvoll zu inszenieren (aktive Unterstützung). Suchman entwickelt daraufhin drei Typen organisationaler Legitimität:

1. Pragmatische Legitimität liegt vor, wenn strategische Investitionen einer Organisation in Maßnahmen zur Erhöhung der eigenen Organisationslegitimität getätigt werden.
2. Moralische Legitimität liegt vor, wenn eine Organisation bestimmte moralische Anforderungen erfüllt.
3. Kognitive Legitimität liegt vor, wenn es einer Organisation gelingt entweder sinn- und ordnungsstiftend zu wirken oder aber wenn sie tut, was unbezweifelbar ist (vgl. Suchman 1995: 578ff).

Kritik erfährt der NI ferner, wenn es um den Geltungsgrad von Legitimität geht. Der Frage, wie Legitimität entsteht und von wem sie wie zugeschrieben wird, schenkt die Theorie nur wenig Aufmerksamkeit. Da die Frage, wie Organisationen Legitimität erhalten und ggf. steigern können, die zentrale Forschungsfrage dieser Arbeit bildet, soll hierauf noch eingegangen werden.

Legitimitätsgewinnung ist, so Suchman, insofern problematisch, da jede Neuheit zunächst mit Akzeptanzproblemen zu kämpfen hat, weshalb sich jede Organisation, die um Legitimität wirbt, dieser Herausforderung stellen muss. Zur Lösung empfiehlt er deshalb drei Strategien: Konformität, Selektion und Manipulation.

---

[18] „Legitimacy is a generalized perception or assumption that the actions of an entity are desirable, proper, or appropriate within some socially constructed system of norms, values, beliefs, and definitions" (Suchman 1995: 574).

1. Konformität bedeutet, dass alle Erwartungen, die an eine Organisation herangetragen werden, vor allem die offizieller Natur, erfüllt werden.
2. Selektion meint, dass insbesondere die Umwelterwartungen erfüllt werden, von denen sich Organisationen eine hohe Legitimation versprechen.
3. Manipulation bedeutet, dass Organisationen sich nicht ausschließlich auf vorhandene Erwartungsstrukturen konzentrieren, sondern dass sie die Umwelt für sich gewinnen indem sie neue Erklärungen der sozialen Realität bereitstellen (vgl. Suchman 1995: 587ff).

Auch die Legitimitätserhaltung sieht sich mit Problemen konfrontiert. Schließlich werden an Organisationen höchst heterogene Umwelterwartungen herangetragen, weshalb sie in Phasen der Stabilität zu Starrheit neigen, was Widerspruchs- und Widerstandspotential hervorrufen kann. Auf diese Probleme können Organisationen in zweierlei Weise reagieren: Einerseits sollten Veränderungen in stabilen Organisationen intern sensibel gehandhabt und andererseits sollten Legitimitätsgewinne nicht leichtfertig aufs Spiel gesetzt werden (vgl. Suchman 1995: 593ff). Zur Wiederherstellung von Legitimität eigenen sich, so Suchman, insbesondere drei Strategien:

1. Organisationen können das Legitimitätsproblem leugnen indem sie das Problem rechtfertigen und es verharmlosen.
2. Organisationen können Umbaumaßnahmen ergreifen, um ein erneutes Auftreten des Legitimitätsproblems zu verhindern.
3. Organisationen können versuchen das Problem nicht zu verschlimmern indem äußerst sensibel auf die Reaktionen der Umwelt reagiert wird (vgl. Suchman 1995: 597ff).

Ein grundsätzliches Problem wird allerdings darin gesehen, dass Organisationen oftmals zu lange versuchen mit konventionellen Mitteln auf unkonventionelle Probleme zu reagieren (vgl. Hellmann 2006: 82).

3.2.2 Die drei Säulen von Institutionen

Auch die Anwendung des Begriffs der Institution wird insbesondere von Kritikern des NI als problematisch betrachtet, da eine Vielzahl unterschiedlicher Verwendungsweisen existiert. In der Soziologie werden Institutionen im Allgemeinen als „Glaubensvorstellungen und durch die Gesellschaft festgesetzte ... Verhaltensweisen" (Senge 2006: 35f) charakterisiert, weshalb man sie teilweise auch als Stützpfeiler der Gesellschaft bezeichnet. In der Organisationswissenschaft interessieren vornehmlich institutionelle Elemente der formalen Struktur von Organisationen und Managementpraktiken, die entweder eine branchenweite oder nationale bzw. internationale Verbreitung aufweisen (vgl. Walgenbach 2006: 355). Der NI beschränkt sich auf jene Institutionen der Gesellschaft, die das organisationale Geschehen entscheidend beeinflussen, d. h. jene Institutionen, die in zeitlicher Perspektive dauerhaft, in sozialer Perspektive verbindlich und in sachlicher Hinsicht maßgeblich sein sollen (vgl. Senge 2006: 38). Es geht also hier um die gesellschaftlich geteilte Vorstellung, dass ein bestimmtes Element oder eine bestimmte Praktik zu einer bestimmten Organisation dazu gehört, die nicht mehr hinterfragt und somit als gegeben hingenommen wird. Sobald dieser Glaube existiert, spricht man auch davon, dass diese Institutionen im sozialen Wissensvorrat einer Gemeinschaft abgelagert, d. h. sedimentiert sind.

Einen ersten Versuch, diesen Begriff zu konkretisieren, hat Richard W. Scott im Jahr 2001 unternommen. Dabei hat er Bezug auf den von DiMaggio und Powell entwickelten Isomorphismus genommen und diesen erweitert, indem er mit verschiedenen Institutionen unterschiedliche Funktionen in Verbindung bringt, denen er eine kausale und handlungsregelnde Kraft zuweist. Scott geht davon aus, dass diese zumeist dauerhafte, regelhafte Handlungen hervorbringende Kraft sich über einen regulativen, einen normativen und kulturell-kognitven Mechanismus entfaltet, der wiederum mit regulativen, normativen und kulturell-kognitven Institutionen korrespondiert (vgl. Senge 2006: 38). Um nunmehr die Elemente und Kennzeichen und somit auch die unterschiedlichen Institutionen zu erfassen, entwickelte Scott das so genannte „Dreisäulenmodell" („three pillars of institutions"), welches in nachfolgender Abbildung 7 darstellt ist.

Dreisäulen-modell	Säulen		
	regulativ	normativ	kulturell-kognitiv
Grundlage der Befolgung	Zweckmäßigkeit	soziale Verpflichtung	Selbstverständlichkeiten
Grundlage der Anforderung	Regeln	verbindliche Erwartungen	kulturelle Verankerung
Mechanismen	Zwang	Norm	Mimese
Funktionslogik	instrumentell	angemessen	orthodox
Indikatoren	Regeln, Gesetze, Sanktionen	Anerkennung	geteilter Glaube
Grundlage der Legitimität	gesetzlich Sanktioniert	moralische/innere Verpflichtung	nachvollziehbar, kulturell unterstützt

Abbildung 7: Dreisäulenmodell nach Scott

(Quelle: Scott 2001: 52)

Das Modell hilft zu verstehen, wie Organisationen ihre Beständigkeit sichern können (vgl. Scott 2001: 49). Wichtig – nicht zuletzt für die Argumentation dieser Arbeit – ist die Tatsache, dass nicht alle drei Säulen von allen Institutionen gleichermaßen getragen werden (vgl. Walgenbach/Meyer 2008: 57). Darüber hinaus sind Institutionen, wenn einmal etabliert, nur von relativer Dauerhaftigkeit geprägt und unterliegen somit einem Wandel.

3.2.2.1 Regulative Säule

Die regulative Säule („regulative pillar") orientiert sich an dem, was DiMaggio und Powell als Isomorphie durch Zwang bezeichnen. Mit diesem Element werden die das Handeln durch explizit formulierte Regeln und Gesetze begrenzenden und die regulierenden Aspekte von Institutionen beschrieben. Dabei verursachen insbesondere mögliche Sanktionierungen des Verhaltens ein Interesse der Akteure, sich konform mit institutionalisierten Vorgaben zu verhalten, sich also bspw. an bestehende Gesetze zu halten. Die Einhaltung oder Erfüllung der Vorgaben basiert dabei auf Zwang, Angst oder einem Kosten-Nutzen-Kalkül (vgl. Scott 2001: 52f). Es werden diejenigen Organisationen als legitim erachtet, die in Übereinstimmung mit Anforderungen operieren, oder die, die zumindest den Schein erwecken, als würden sie dies tun (vgl. Walgenbach 2006: 379). In einer späteren Arbeit weisen die Autoren Edelman und Suchman noch auf den Umstand hin, dass Gesetze, die nach Scott als Indikator für regulative Institutionen dienen, auch andere Funktionen als die der Handlungssteuerung einnehmen können, die eher mit der normativen bzw. kognitiven Säule von Institutionen in Verbindung zu bringen sind. Sie unterscheiden drei Facetten der legalen Umwelt: Die Handlungen ermöglichende Umwelt von Organisationen, die regulative Umwelt von Organisationen und die konstituierende Umwelt von Organisationen. Im ersten Fall werden Organisationen durch gesetzliche Regeln in die Lage versetzt bestimmte Aktivitäten auf effiziente Weise auszuführen. Im zweiten Fall zielen die Gesetze darauf ab, das Verhalten von Organisationen zu steuern. Der dritte Fall wird dadurch definiert, dass Gesetze die Kernelemente von Organisationen darstellen sowie die Beziehungen zwischen ihnen regeln (vgl. Walgenbach 2002: 168). Scott geht ferner davon aus, dass nicht nur Sanktionen, sondern auch Belohnungen und Anreize dazu beitragen können, sich dem gewünschten Verhalten entsprechend anzupassen.

3.2.2.2 Normative Säule

Die normative Säule („normative pillar") ist an die von DiMaggio und Powell bezeichnete normative Isomorphie angelehnt. Handlungen werden über Normen und Werte generiert, die zu einer Stabilisierung der Organisation beitragen. Mit Werten sind Vorstellungen des Bevorzugten oder Wünschenswerten gemeint. Normen dagegen präzisieren, wie bestimmte Dinge getan werden sollten, und beschreiben legitime Mittel zur Erreichung (vgl. Scott 2001: 54f). Im Gegensatz zur regulativen Säule wird hier nicht von einem Kosten-Nutzen-Kalkül ausgegangen, sondern die Befolgung erfolgt, weil sie erwartet wird oder weil sich Organisationen zur Erfüllung dieser Erwartungen innerlich verpflichtet fühlen. Die normative Säule definiert also Ziele und beschreibt, wie diese auf angemessenem Weg erreicht werden können. Organisationen, die den in der Gesellschaft akzeptierten Normen und Werten entsprechen, oder solche, denen es gelingt den Anschein zu erwecken, erhalten schließlich Legitimität zugesprochen (vgl. Walgenbach 2006: 380). Die Sanktion erfolgt hier nicht über legale, sondern über abstrakte Autoritäten und ist einerseits von der Internalisierung und andererseits von dem ausgeübten Erwartungsdruck (soziale Erwünschtheit) durch andere Akteure abhängig (vgl. Scott 2001: 49).

3.2.2.3 Kulturell-kognitive Säule

Die kulturell-koginitive Säule („cultural-cognitive pillar") bezieht sich schließlich auf das, was DiMaggio und Powell als mimetische Isomorphie bezeichnen. Kulturell-kognitiv heißt in diesem Zusammenhang, dass die kognitiven Prozesse der Organisationsmitglieder durch den kulturellen Rahmen, der sie umgibt, bestimmt werden. Die soziale Konstruktion einzelner Akteure umfasst also auch die in einem gesellschaftlichen oder kulturellen Kontext als legitim erachteten Verhaltensweisen. Damit wird das, was ein Akteur tut oder lässt, als Ergebnis der internen, kognitiven Repräsentation seiner Umwelt betrachtet (vgl. Scott 2001: 57). Dazu gehört vor allem die Konzeption von der Beschaffenheit der Wirklichkeit, die als so genannte „Skripte" für Wahrnehmungen und Handlungen bezeichnet werden. Der Begriff des Skripts soll darauf hinweisen, dass die durch kognitive Institutionen geregelten Handlungen routinemäßig, selbstverständlich und quasiautomatisch ablaufen (vgl. Scott 2001: 57f). Diese Skripte gelten dabei als so selbstverständlich, dass andere Wege der Wahrnehmung, des Denkens oder Handelns undenkbar sind. Insbesondere dieser Säule wird im NI eine besondere Bedeutung beigemessen. Scott geht davon aus, dass man die selbstverständlichen Vorstellungen und Handlungsroutinen von Akteuren in der

Organisation und in ihrer Umwelt berücksichtigen muss, um die Strukturen und Prozesse von und in Organisationen zu verstehen. Diese Säule ist insofern von besonderer Bedeutung, als dass sie gerade aufgrund ihrer Selbstverständlichkeit besonders nachhaltig, da unhinterfragt ist (vgl. Senge 2006: 40). An dieser Stelle sollte noch betont werden, dass es keine notwendige Voraussetzung ist, dass die gesamte Gesellschaft mit diesen Denkmustern übereinstimmen muss. Legitimität wird einer Organisation immer nur von einer Teilöffentlichkeit zugesprochen, die die Rolle einer Art sozialen Kontrollinstanz wahrnimmt. Organisationen sind also, um es in anderen Worten zu sagen, immer nur an eine bestimmte Anspruchsgruppe gebunden (vgl. Walgenbach 2006: 63). Auch wenn jetzt der Begriff der Institution präzisiert wurde, bleibt die Frage offen, ob und wie Institutionen entstehen. Hierauf soll nachfolgend eingegangen werden.

3.2.3 Institutionalisierungsprozesse

Ein weiterer immer wieder hervorgebrachter Kritikpunkt am NI bezieht sich auf das Unvermögen, eine Erklärung für Institutionalisierungsprozesse bereit zu stellen. Institutionalisierung als Prozess wird von den Institutionalisten als Vorgang bezeichnet, durch den sich soziale Beziehungen und Handlungen zu Selbstverständlichkeiten entwickeln, die nicht mehr hinterfragt werden (vgl. Walgenbach 2006: 355). Ein bedeutender Versuch diesen Prozess zu beschreiben, ist von Pamela S. Tolbert und Lynne G. Zucker im Jahr 1996 unternommen worden. In Anlehnung an die Wissenssoziologen Berger und Luckmann entwickeln die Autorinnen ein dreistufiges Prozessmodell, in dem jeder Stufe ein unterschiedlicher Grad der Institutionalisierung zugewiesen wird (vgl. Walgenbach 2002: 78). Am Beginn einer jeden Veränderung der institutionellen Ordnung, so die Autorinnen, steht zunächst die Wahrnehmung eines Problems, welches aus technologischen Veränderungen oder einer sich ändernden gesetzlichen Grundlage resultiert, und schließlich die Bereitstellung von Möglichkeiten, diese Probleme durch innovative organisationale Formen und Praktiken zu lösen (Walgenbach/Meyer 2008: 90). Damit Institutionalisierung aber funktionieren kann, bedarf sie einer Legitimierung was die Stabilität der sozialen Ordnung voraussetzt, denn Stabilität geht ein entsprechender Legitimitätsglaube voraus (vgl. Hellmann 2006: 76).

3.2.3.1 Habitualisierung

Die erste Stufe des Prozessmodells beschreibt die Formalisierung einer Problemlösung in einer oder in mehreren Organisationen, die zur Entwicklung von neuen formalen Regelungen führt. Dabei befinden sich die neuen strukturellen Elemente oder Praktiken in einer Art Vorstadium, das von den Autorinnen als pre-institutionalisiert bezeichnet wird (vgl. Walgenbach 2002: 178). Ein besonderes Kennzeichen dieses Stadiums ist, dass der Prozess der Institutionalisierung in einer oder in mehreren Organisationen unabhängig voneinander verläuft. Imitation von Problemlösungen können in diesem Stadium zwar vorkommen, spielen aber eine noch eher untergeordnete Rolle, da noch kein allgemeiner Konsens über den Wert und Nutzen dieser vermeintlich innovativen Problemlösung existiert. Ein weiteres Kennzeichen dieses Stadiums ist, dass diejenigen Organisationen, die die neuen Regeln übernehmen, sich durch bestimmte Merkmale gleichen, also relativ homogen sind, und ihnen die neue Regel oder Praktik als taugliche Lösung erscheinen. Deshalb wird auch davon gesprochen, dass eine frühe Übernahme aus Effizienzgründen geschieht und mit einer instrumentellen Logik verbunden ist (vgl. Walgebach/Meyer 2008: 95).

3.2.3.2 Objektivierung

In der zweiten Prozessstufe hat sich bereits ein Konsens über den Wert und Nutzen eines neuen strukturellen Elements oder einer Praxis herausgebildet. Gerade durch diese Objektivierung, d. h. Vergegenständlichung, erfährt das Strukturelement oder die Praxis zunehmend Verbreitung. Organisationen können Informationen über andere – insbesondere erfolgreiche – Organisationen heranziehen. Dabei ist ausschlaggebendes Kriterium, wie viele Organisationen das neue strukturelle Element oder die Managementpraktik bereits übernommen haben, da der Druck steigt, je mehr Organisationen das neue strukturelle Element oder die neue Managementpraktik bereits übernommen haben. Dieser so genannte „Bandwagon" wirkt dann sich dann selbst verstärkend (vgl. Walgenbach/Meyer 2008: 96). In dieser zweiten Stufe der Institutionalisierung können strukturelle Elemente in Organisationen Verbreitung finden, die zuvor keine Verbindung zueinander aufgewiesen haben. Hat das neue strukturelle Element erst einmal eine relativ weite Verbreitung erfahren, befindet es sich im Stadium der so genannten „Semi-Institutionalisierung". Allerdings kann in diesem Stadium noch nicht davon gesprochen werden, dass es dauerhafter Bestandteil einer Organisation geworden ist. Ein Bedeutungsverlust, also ein Deinstitutionalisierungsprozess, ist hier noch immer möglich. Die das neue Strukturelement übernehmenden Organisationen sind dann auch nicht mehr homogen, sondern weisen bereits unterschiedliche Charakteristika auf (vgl. Walgenbach 2002: 179). Die Adaption erfolgt aufgrund erwarteter Legitimitätswirkungen und die Variation lässt erheblich nach. Während die frühen Adaptoren noch Innovationskraft besitzen und die

Strukturelemente oder Managementpraktiken an ihre Bedürfnisse anpassen, neigen spätere Adaptoren dazu, vorgefertigte Modelle, die der Logik der Angemessenheit entsprechen, zu übernehmen bzw. zu imitieren (vgl. Walgenbach/Meyer 2008: 95). Hiervon gehen auch DiMaggio und Powell aus (vgl. DiMaggio/Powell 1983: 148).

3.2.3.3 Sedimentation

Wenn von Sedimentation gesprochen wird, geht man von einer vollständigen Institutionalisierung aus. Ist dieser Zustand erst einmal eingetroffen, kann davon ausgegangen werden, dass das Strukturelement oder die Managementpraktik in nahezu allen Organisationen zur Anwendung kommt, die im Rahmen der Theoretisierung (siehe Kapitel 3.2.4) als potentielle Adaptoren der Problemlösung identifiziert werden. In dieser dritten Stufe nimmt auch die Kontinuität eine entscheidende Rolle ein, d. h. die Frage wie viele Generationen von Organisationsmitgliedern das Strukturelement oder die Managementpraktik bereits eingesetzt haben. Dabei spielen natürlich auch diejenigen eine Rolle, die das Strukturelement oder die Managementpraktik verbreitet haben. Aber auch ein geteilter Glaube an die Nützlichkeit, ein geringer Widerstand und nachlassende Kritik sowie ein belegbarer Zusammenhang zwischen Nutzen und Ergebnis sind Merkmale einer vollständigen Institutionalisierung (vgl. Walgenbach 2006: 395).

3.2.4 Institutioneller Wandel

Die Autoren David Strang und John W. Meyer erklären in ihrer Arbeit „Institutional conditions for diffusion" aus dem Jahre 1993 wie institutioneller Wandel zu Stande kommt. Dabei verweisen sie insbesondere auf die Bedeutung der Diffusion von institutionellen Elementen in ein anderes bzw. in ein fremdes organisationales Feld. Diffusionsprozesse bilden seither bei der Erklärung institutionellen Wandels in Richtung Homogenität eines Feldes das Hauptkonzept des NI (vgl. Walgenbach/Meyer 2008: 97). Die beiden Autoren gehen davon aus, dass bestimmte Akteure entsprechende Kategorien benötigen, um soziale Ähnlichkeiten herstellen zu können, weshalb Strang und Meyer ihren Fokus auf die Theoretisierung legen. Diese bezeichnen sie als „Strategie der Sinngebung" (vgl. Strang/Meyer 1993: 493). WissenschaftlerInnen, Berufsverbänden oder anderen Professionellen, weisen sie dabei eine besondere Bedeutung zu, denn als Theoretisierende befinden sie sich in der Rolle eines Überträgers neuer Strukturelemente oder Managementpraktiken (vgl. Strang/Meyer 1993: 491f). Auch Massenmedien können am Diffusionsprozess beteiligt sein. Theoretisierung erfolgt, indem zunächst das organisationale Problem definiert wird, bevor in einem zweiten Schritt empirische Belege, also überzeugende Erklärungen für die Problemlösungsfähigkeit, geliefert werden. Gleich in zweierlei Hinsicht gilt Theoretisierung als Grundlage für die rasche Diffusion neuer Management- oder Organisationskonzepte: Zum einen im Rahmen der Konstruktion der Kategorisierung und Typisierung, über die Homogenität hergestellt wird und an der sich potentielle neue Anwender orientieren (vgl. Strang/Meyer 1993: 495). Zum anderen trägt Theoretisierung auch dazu bei, sich in gewisser Weise selbst zu legitimieren (vgl. Walgenbach/Meyer 2008: 100f). Es werden nämlich im Zuge der Kategorisierung nicht nur mögliche Organisationen konstruiert, die eine neue Praktik übernehmen, sondern die mit einer neuen Praktik verbundene Wirkung gleich mit (vgl. Strang/Meyer 1993: 500). Komplexe und abstrakte Theorien, die Ursache-Wirkungs-Zusammenhänge herstellen, finden schnelle Verbreitung. Modelle mit hohem Allgemeinheitsgrad erleichtern die Kommunikation zwischen den Akteuren, da sie vielfältig eingesetzt werden können (vgl. Strang/Meyer 1993: 493).

3.3 Zwischenfazit

Die Untersuchungsergebnisse der amerikanischen Organisationssoziologie in den 1970er Jahren haben gezeigt, dass nicht der Zusammenhang von Technologie und Struktur, sondern der Zusammenhang zwischen Umwelteinflüssen und Organisationsstruktur ausschlaggebend für den Erfolg und das Überleben einer Organisation ist. Dem soziologischen NI ist es somit zu verdanken, dass die Beziehung zwischen Organisation und Umwelt in den Vordergrund der Betrachtung gerückt und analysiert wird. Dabei finden insbesondere die Auswirkungen institutioneller Umwelten auf Organisationsstrukturen sowie die Beeinflussung der Umwelt durch Organisationen Beachtung.

Zwei Forschungsrichtungen haben sich innerhalb dieser Theorie entwickelt. Nach der mikroinstitutionalistischen Perspektive, wie sie von Lynne G. Zucker vertreten wird, werden Organisationen als Instrumente betrachtet, die selbst institutionalisierte Strukturen erzeugen und dadurch ihre Umwelt beeinflussen. Die makroinstitutionalistischen Ansätze von Meyer und Rowan sowie von DiMaggio und Powell betonen dagegen die Einflüsse der Umwelt auf die Entstehung und Existenzsicherung von Organisationen. Dabei adaptieren Organisationen die Strukturen, die ihre Umwelt erwartet, weshalb ihnen Legitimität zugesprochen wird.

Die zunehmende Anwendung institutionalistischer Ansätze auch in Deutschland zeigt, dass sie einen Beitrag zur Erklärung und Gestaltung von Organisationen leisten können. Sie tragen damit zu einer wichtigen Erweiterung des bisherigen Spektrums der Organisationstheorie bei und machen auf Aspekte aufmerksam, die in anderen – ökonomischen – Theorien keine entscheidende Rolle spielen.

Anhand einiger Vorüberlegungen werden im nachfolgenden Kapitel die Themen CV und Freiwilligen-Management auf die neoinstitutionalistische Organisationstheorie angewandt. Dabei ergeben sich bereits erste Hinweise darauf, dass diese Theorie Erklärungen für die Verbreitung und den Nutzen dieser Programme und Stellen zur Verfügung stellen kann. Weiterhin werden Annahmen im Hinblick auf die Forschungsfrage dieser Arbeit formuliert, die im Rahmen der empirischen Untersuchung beantwortet werden.

4 Operationalisierung

Die Vorstellung, „dass die Gesellschaft in der Organisationswissenschaft keine besondere Rücksicht findet und dass die Organisation als solche ihren einzigen Referenzpunkt bildet" (Martens 1997: 275), hat lange Zeit dazu beigetragen, dass dem gesellschaftlichen Engagement von Unternehmen wenig Bedeutung beigemessen wurde. Eines der am häufigsten vorgetragenen Argumente, das gegen dieses Engagement spricht, ist der Einwand, dass Unternehmen allein wirtschaftliche Zwecke verfolgen und dass gesellschaftliches Engagement daher nicht ihre Aufgabe ist (vgl. Backhaus-Maul 2006: 36). Dies trifft insofern zu, als man Organisationen ausschließlich unter dem ökonomischen Kriterium der Rationalität und Handlungen als Ergebnis individueller Entscheidungen betrachtet. Da allerdings einige neue Standards der Angemessenheit eben nicht auf der Übertragung ökonomischer Werte auf organisationale Kontexte basieren, gewinnt das Konzept CV immer mehr an Bedeutung (vgl. Walgenbach/Meyer 2008: 15f). Schließlich werden Unternehmen von der Öffentlichkeit nicht länger als rein wirtschaftliche und technische Systeme betrachtet, sondern vor allem als soziale Organisationen mit einem bestimmten atmosphärischen Rahmen (vgl. Schöffmann 2001b: 19). Die Tatsache, dass die „neuen" Institutionalisten die Erwartungen der relevanten Umwelt in den Mittelpunkt ihrer Betrachtung rücken, könnte helfen zu erklären, weshalb sich Organisationen immer häufiger in der Gesellschaft engagieren. Es ist zu vermuten, dass insbesondere der mit der Erfüllung der an Organisationen herangetragenen Erwartungen einhergehende Legitimitätszuspruch der Grund dafür sein könnte, warum immer mehr Unternehmen und NPOs dazu übergehen, CV-Programme zu etablieren, Freiwilligen-ManagerInnen einzustellen und (CSR-)Abteilungen zu gründen, obwohl kaum objektive Möglichkeiten existieren, die tatsächliche Effektivität dieser Programme, Stellen und Abteilungen zu messen (vgl. Backhaus-Maul 2004: 26).

4.1 Legitimität

Vertrauen bildet eine wichtige Einflussgröße im NI, um die Legitimität einer Organisation zu sichern. CV-Programme könnten dazu beitragen, das Vertrauen der Organisationsumwelt zu gewinnen. Es wird vermutet, dass sie die unternehmerische Phantasie von Organisationen anregen, da sie „nicht aus dem schlichten Rationalitätskalkül der Ökonomie gespeist sind" (Hubbertz 2006: 308). Gerade im Zuge der Liberalisierung des Marktes und der stetig wachsenden Gewinne von Unternehmen kommen WirtschaftsexpertInnen immer häufiger zu dem Schluss, dass eine funktionierende Marktwirtschaft weniger liberalisierte Märkte als vielmehr Vertrauen und Loyalität benötigt. Klar dürfte sein, dass CV nicht allein für die Legitimität und das Überleben einer Organisation verantwortlich sein kann. Es besteht aber Grund zur Annahme, dass dadurch die Möglichkeit besteht, Vertrauen und Loyalität aufzubauen, um so eine „(Re-)Integration von Wirtschaft und Gesellschaft" voranzutreiben (Schöffmann 2001b: 19). Insbesondere in Anbetracht jüngster Skandale um Steuerhinterziehungen bei Top-ManagerInnen können CV-Programme dazu beitragen, ein Grundvertrauen in die Wirtschaft wiederzuerlangen (vgl. Prantl 2008: 2). Längst haben UnternehmerInnen und ManagerInnen eingesehen, dass ihr Tun oder Unterlassen auch unerwünschte Folgen haben kann, obwohl sie alle gesetzlichen Vorschriften einhalten. Deshalb sind Organisationen neben Vertrauen auch zunehmend auf Akzeptanz und Glaubwürdigkeit angewiesen (vgl. Walgenbach/Meyer 2008: 63), die ihnen nur von außen zugesprochen werden können. Ähnlich wurde bereits Eingangs im Bezug auf CC argumentiert. Auch hier erfolgt die Legitimierung von außen, und einzelne CV-Projekte tragen noch lange nicht dazu bei, dass von einer glaubwürdigen, verantwortungsvollen Organisation ausgegangen werden kann (Rat für nachhaltige Entwicklung 2006: 28).

Einhergehend mit CV können auch Probleme auftreten. Bspw. könnte ein Unternehmen in Konflikt geraten, wenn einerseits von Aktionären ökonomischer Erfolg und andererseits von Stakeholdern mehr sozialer Verantwortung gefordert wird. Um diesen widersprüchlichen Anforderungen gerecht zu werden ist es umso wichtiger, dass das soziale Engagement eines Unternehmens kein reines Lippenbekenntnis bleibt. Da Entkopplung ohnehin nicht auf Dauer gelingt und Rationalitätsmythen nicht unbegrenzt aufrechterhalten werden können (vgl. Walgenbach/Meyer 2008: 82), scheint es notwendig, dass CV ernsthaft und glaubwürdig betrieben wird. Insbesondere Freiwilligen-ManagerInnen könnten dazu beitragen, der relevanten Umwelt glaubhaft zu vermitteln, dass es einer Organisation ernst mit ihrem gesellschaftlichen Engagement ist. Auch VertreterInnen des NI gehen davon aus, dass das Einstellen von ExpertInnen, durch die damit einhergehende Konstruktion von Vertrauen und gutem Willen, zu mehr Legitimität beiträgt (vgl. Walgenbach/Meyer 2008: 31). Es kann zudem davon ausgegangen werden, dass die frühen Adaptoren von CV und vor allem die frühen Freiwilligen-MangerInnen dazu beitragen, innovative Zugangswege zu bürgerschaftlichem Engagement zu finden, und dass diese Organisationen Programme und Stellen einrichten, da sie sie als Möglichkeit betrachten, Legitimität in der für sie relevanten Umwelt zu gewinnen. Zunächst einmal müssen aber die anfänglichen Akzeptanzprobleme, die mit jeder Neuerung einhergehen, überwunden werden (vgl. Suchman 1995: 587ff). Ob es unter diesen Umständen noch notwendig ist, eine Legitimitätsfassade aufrechtzuerhalten, wie sie bspw. durch eine Vielzahl von Vokabeln geschaffen werden kann, scheint fraglich. In Bezug auf CV merkt der Rat für nachhaltige Entwicklung in seiner Empfehlung an, dass kaum eine andere Szene so viele Begriffe benutzt, die nur Insidern bekannt und geläufig sind, und somit ungewollte Sprachbarrieren aufbaut. Zwar geht der NI davon aus, dass es eben diese Sprachbarrieren sind die es Organisationen ermöglichen, Verfahrensweisen und Prozesse wie CV oder Freiwilligen-Management in ihre Unternehmenspolitik und Organisationsstruktur zu verankern, weil ein Nachfragen der relevanten Umwelt, welche konkreten Praktiken sich hinter diesen Begriffen verbergen, vermieden wird (vgl. Walgenbach/Meyer 2008: 31). Da aber Fassaden nicht auf Dauer aufrechterhalten werden können, erscheint es notwendig, eine andere Sprachkultur zu schaffen, wenn die Diskussion um das gesellschaftliche Engagement von Unternehmen an Bedeutung und Glaubwürdigkeit gewinnen soll (vgl. Rat für nachhaltige Entwicklung 2006: 34).

Glaubwürdigkeit und Vertrauen können Organisationen dadurch stärken, indem sie sich einer externen Prüfung entziehen oder diese gar vermeiden. Dazu bieten sich im Rahmen von CV mehrere Möglichkeiten: Zum einen können Organisationen (CSR-)Berichte[19] über Ziele und Wirkungen des Engagements verfassen und der relevanten Umwelt zugänglich machen. In diesen Berichten kann dargelegt werden, warum Organisationen sich engagieren, wem dieses Engagement zu Gute kommt und welche Ziele durch das Engagement erreicht werden. Zum anderen bietet auch das London Benchmarking Group Modell (LBG)[20] eine gute Möglichkeit, um sich vor Überprüfungen und externen Evaluationen zu schützen. LBG ist ein aus Großbritannien stammendes, standardisiertes und seit über 10 Jahren erprobtes Managementinstrument, um das gesellschaftliche Engagement effizient zu messen und mit Anderen zu vergleichen. Dabei werden neben Engagementmotiven auch die Funktion des Engagements, der Aufwand und die Projekt- bzw. Programmziele sowohl auf Seiten des Unternehmens als auch auf Seiten der Gesellschaft erfasst und somit transparent gemacht. Allerdings findet dieses Modell in Deutschland noch keine Anwendung. Auf Initiative von VIS a VIS Agentur für Kommunikation GmbH fand im Oktober 2006 ein erstes Seminar mit VertreterInnen aus Wirtschaftsunternehmen statt, die die Anwendbarkeit dieses Modells auf deutsche Verhältnisse diskutiert haben. Ob und wann dieses Modell Anwendung finden wird, ist bislang unbekannt.[21] Auch

---

[19] Beispielhaft: www.deutsche-bank.de/csr/de/downloads/CSR_Bericht_2007_D.pdf [07.04.2008].
[20] Vgl. Homepage London Benchmarking Group: www.lbg-online.net [18.04.2008].
[21] Vgl. Homepage VISaVIS Agentur für Kommunikation: www.visavis-agentur.de [12.05.2008].

der Rat für nachhaltige Entwicklung empfiehlt einen unabhängigen Vergleich der unternehmerischen Aktivitäten, der nicht nur Glaubwürdigkeit sondern auch zu mehr Anerkennung und Akzeptanz in der Öffentlichkeit beitragen kann (vgl. Rat für nachhaltige Entwicklung 2006: 7).

4.2 Strukturangleichung und organisationales Feld

Neben Vertrauen und Glaubwürdigkeit spielt auch die Strukturangleichung von Organisationen im NI eine zentrale Rolle, die sich wiederum auf die Legitimität auswirkt. In Bezug auf die drei Mechanismen der Isomorphie kann folgende Entwicklung in Bezug auf CV und Freiwilligen-Management festgestellt werden: Bei der Etablierung von CV kann der Staat (Isomorphie durch Zwang) nur eine vergleichsweise geringe Rolle spielen, da CV auf einer freiwilligen Selbstverpflichtung von Unternehmen basiert, weshalb CV keinem direkten staatlichen Zwang unterliegen kann (vgl. Schaltegger et al. 2007b: 94). Allerdings zeigt die Entwicklung, dass der Staat sich aus der Diskussion über CV nicht ganz heraushält, wie die Errichtung der Enquete-Kommission im Jahr 2002 sowie die Einberufung des „Internationalen Jahres der Freiwilligen" im Jahr 2001 durch die VN zeigen. Obwohl der Staat nur Handlungsempfehlungen ausspricht und sich als so genannter „aktivierender Staat" versteht (vgl. Enquete-Kommission 2002b: 504), spiegelt sich seine Einflussnahme und die Zunahme von CV-Aktivitäten seit diesen Veröffentlichung wider. Es wird vermutet, dass es die Absicht des Staats ist, die Überzeugungskraft dieser Maßnahmen zu stärken, um so mehr Unternehmen zu motivieren (vgl. Schwarz 2006: 282). Auch die Tatsache, dass bspw. das BMFSFJ die Bundesinitiative Unternehmen: Partner und Jugend (UPJ) unterstützt, kann als Zeichen dafür angesehen werden, dass sich der Staat in die Diskussion mit einbringt, wenn auch nicht auf direktem Wege.[22] Allerdings weisen Walgenbach und Meyer auch darauf hin, dass es gar nicht notwendig ist, dass der Staat konkrete Vorgaben über die Art und Weise der Umsetzung seiner Vorgaben in Organisationen treffen muss (vgl. Walgenbach/Meyer 2008: 35), weshalb bereits an dieser Stelle erste Hinweise für eine Isomorphie durch Zwang bestehen. Obwohl Zwang im Sinne von staatlicher Anordnung eine eher untergeordnete Rolle spielt, kann er insbesondere bei Unternehmen, die mit Unternehmen aus dem angloamerikanischen Raum kooperieren oder fusionieren – wo CV längst integraler Bestandteil der Unternehmenskultur ist –, eine weit größere Rolle spielen. Durch diese Kooperationen kann nicht nur CV, sondern auch Freiwilligen-Mangement zunehmend in Kontinentaleuropa und somit auch in

---

[22] Vgl. Homepage Unternehmen: Partner der Jugend (UPJ): www.upj-online.de [08.04.2008].

Deutschland Einzug halten, weshalb es auch hier langsam Verbreitung findet (vgl. Schöffmann 2001b: 18). Ferner werden immer öfter Erwartungen aus dem kulturellen Umfeld in dem Organisationen operieren an Unternehmen herangetragen (vgl. Backhaus-Maul/Braun 2007: 12). Im Ergebnis führen diese Zwänge dazu, dass Organisationen gleichgerichtet reagieren oder direkte organisationale Modelle, wie CV, und Managementpraktiken, wie Freiwilligen-Mangement, übernehmen (vgl. Becker-Ritterspach/Becker-Ritterspach 2006: 109f).

Der Mechanismus der Mimese birgt in Bezug auf CV insofern Erklärungspotential, da – wie in Kapitel 2.1.1 darstellt – in Deutschland Unsicherheit in Bezug auf die mangelnde Gestaltungskraft der Politik und des sich immer weiter zurückziehenden Sozialstaats herrscht. Ebenfalls spielen Unsicherheit auf dem Arbeitsmarkt, Fachkräftemangel, Massenentlassungen und das anhaltende Gewinnwachstum großer Unternehmen hierbei eine Rolle (vgl. Janes 2001: 28). Auch „Manager mit frivolen Gehältern, Aufsichtsräte, die keine Aufsicht üben, Landesbanken, die sich nicht mehr ums Gemeinwohl scheren, Vorstände, denen an ihren eigenen Aktienpaketen mehr liegt als an ihren Beschäftigten" (Prantl 2008: 1) tragen zu dieser Stimmung bei. Da aufgrund der liberalen Marktwirtschaft seitens des Staates und der Politik kaum Handlungsmöglichkeiten bestehen diesen Problemen entgegenzuwirken, gewinnt CV immer größere Bedeutung. Hubberts geht davon aus, dass CV Mittel und Wege bieten kann, diese Unsicherheit zu minimieren, denn

> „wo der Horizont der betriebswirtschaftlichen Perspektive begrenzt ist, übernimmt CV eine strategische Funktion, nämlich quasi Visionen zu erzeugen, die Bodenhaftung suchen, um Unsicherheiten zu absorbieren" (Hubbertz 2006: 309).

Auch Uneindeutigkeit könnte dazu beitragen zu verstehen, warum CV in Deutschland Einzug hält. Uneindeutigkeit besteht, da bislang nicht klar ist, inwiefern CV-Programme für die Gesellschaft nützlich sind und ob sie Organisationen dazu verhelfen ihre Legitimität zu steigern. Zwar wird in der einschlägigen Literatur immer auf die Vorteile für Organisationen hingewiesen (vgl. Backhaus-Maul 2001: 38, vgl. Schöffmann 2001b: 97ff), doch fehlt es derzeit an empirischen Untersuchungen und damit auch an konkreten Belegen. Weiterhin besteht Uneindeutigkeit dahingehend, dass die Gesellschaft oft nicht weiß, ob und welche CV-Projekte von Unternehmen ausgeübt werden und wem diese zu Gute kommen. Trotz dieser vielen Unsicherheiten und Uneindeutigkeiten genießt CV ein relativ hohes Ansehen innerhalb der Gesellschaft. Es ist also zu vermuten, dass CV gerade aufgrund dieser Uneindeutigkeit insbesondere von den Organisationen imitiert wird, bei denen solche Programme noch nicht existieren, da unklar ist, ob sie tatsächlich Grund für höheres Ansehen sind oder nicht. Dieser Akt des Kopierens kann als Versuch verstanden werden, Prozesse und Praktiken innerhalb der Organisation zu optimieren. Indem dieser Prozess in vielen Organisationen zeitgleich abläuft, findet eine Strukturanpassung im organisationalen Feld statt. Insbesondere die Entwicklungen in großen multinationalen Unternehmen, die sich wesentlich pro-aktiver zeigen und versuchen sich auf dem Gebiet des gesellschaftlichen Engagements als Vorreiter zu profilieren, indem sie Trends und Standards setzen, werden von kleineren und mittleren Unternehmen beobachtet (vgl. Backhaus-Maul/Braun 2007: 11). Diese empfinden durch marktdominierte Unternehmen einen Druck sich anzugleichen (diese zu imitieren) und ebenfalls CV-Programme einzuführen, da sie darin neue Möglichkeiten der Legitimitätsbeschaffung erkennen.

Es ist davon auszugehen, dass gemeinsame, durch CV geschaffene Ähnlichkeiten sich positiv auf die Partnerschaften von Unternehmen und NPOs auswirken und dass damit die Kommunikation zwischen ihnen erleichtert wird und die angestrebte Win-Win-Situation erreicht werden kann, da die Ähnlichkeiten es Organisationen erleichtern eine Beziehung zueinander aufzubauen. Wenn ferner davon ausgegangen wird, dass erst durch Themen wie CV und Freiwilligen-Management eine Kooperationen zwischen Unternehmen und NPOs entsteht, bietet dies Anlass zu vermuten, dass durch diese Themen ein gemeinsames organisationales Feld existiert. In Anbetracht dieser Tatsache folgt die Annahme:

> CV trägt dazu bei, dass NPOs und Unternehmen – die auf den ersten Blick in zwei völlig unterschiedliche organisationale Felder gehören – zunehmend aufeinander Bezug nehmen und sich somit in einem gemeinsamen organisationalen Feld befinden.

Problematisch, so die Kritik, ist vor allem die Tatsache, dass der Feldbegriff ein sehr offenes Konzept ist, welcher erst im Rahmen empirischer Studien inhaltlich gefüllt werden kann (vgl. DiMaggio/Powell 1983: 148). Dieser Nachweis soll in der Auswertung des empirischen Materials (siehe Kapitel 6) noch erfolgen. Abbildung 8 „Zusammenarbeit mit Dritten im Rahmen des gesellschaftlichen Engagements" (Seite 67) aus der Dokumentation der Unternehmensbefragung, die von der Bertelsmann Stiftung in Zusammenarbeit mit TNS Emnid durchgeführt wurde, bietet allerdings erste Hinweise auf diese Annahme. Von 500 befragten „Top-Entscheidern" der deutschen Wirtschaft gaben 54 % der Befragten an, dass sie mit gemeinnützigen bzw. karitativen Organisationen (hier stellvertretend für die zuvor genannten NPOs) zusammenarbeiten (vgl. Bertelsmann-Stiftung 2005: 23). Diese Entwicklung lässt darauf schließen, dass CV dazu beiträgt, dass NPOs und Unternehmen zunehmend aufeinander Bezug nehmen, weshalb bereits an diese Stelle davon ausgegangen werden kann, dass durch CV und Freiwilligen-Management ein gemeinsames organisationales Feld besteht. Allerdings vermag erst die empirische Untersuchung diesen Begriff endgültig zu füllen.

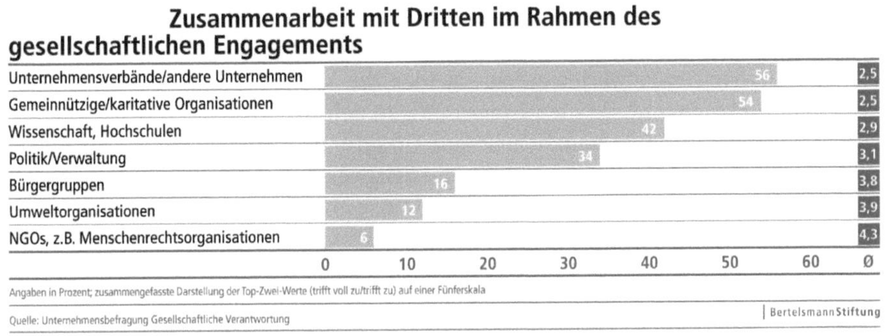

Zusammenarbeit mit Dritten im Rahmen des gesellschaftlichen Engagements

Kategorie	Wert	Ø
Unternehmensverbände/andere Unternehmen	56	2,5
Gemeinnützige/karitative Organisationen	54	2,5
Wissenschaft, Hochschulen	42	2,9
Politik/Verwaltung	34	3,1
Bürgergruppen	16	3,8
Umweltorganisationen	12	3,9
NGOs, z.B. Menschenrechtsorganisationen	6	4,3

Angaben in Prozent; zusammengefasste Darstellung der Top-Zwei-Werte (trifft voll zu/trifft zu) auf einer Fünferskala

Quelle: Unternehmensbefragung Gesellschaftliche Verantwortung | Bertelsmann Stiftung

Abbildung 8: Zusammenarbeit mit Dritten im Rahmen des gesellschaftlichen Engagements

(Quelle: Bertelsmann Stiftung 2005: 23)

4.3 Institutionalisierung

In dem von Richard W. Scott entwickelten Dreisäulenmodell verliert die regulative Säule – wie auch die Isomorphie durch Zwang – in Bezug auf CV insofern an Bedeutung, als CV ausschließlich auf einer freiwilligen Selbstverpflichtung basiert und nicht von staatlichen Stellen angeordnet werden kann. Deshalb können auch Sanktionen nicht zu Konformität beitragen. Zudem weißt Zucker in ihrer Arbeit auch darauf hin, dass Zwang eher ein Indiz für einen geringen Institutionalisierungsgrad ist und dass sich Sanktionen eher kontraproduktiv auswirken (vgl. Zucker 1977: 728). Allerdings bilden, so Scott, nicht nur Sanktionen für Nichtbefolgung einen Aspekt der regulativen Säule. Auch Belohnungen und Anreize können dazu beitragen, sich dem gewünschten Verhalten entsprechend anzupassen. Dazu können u. a. Wettbewerbe und Förderpreise beitragen, da diese der öffentlichen Anerkennung dienen. In Bezug auf CV kann hier beispielhaft die von der hessischen Landesregierung gegründete Initiative „Gemeinsam aktiv – Bürgerengagement in Hessen" aufgeführt werden. Diese Initiative schafft Anreize und Belohungen für Unternehmen, denn die Kampagne „Engagiertes Unternehmen – Impulse für Hessen" wählt jeden Monat ein so genanntes „Unternehmen des Monats", das mit seinem Projekt vorgestellt wird. Dabei wird es einen Monat auf der Website präsentiert. Es erhält eine Urkunde, wird durch eine Pressemeldung öffentlich bekannt gemacht und erhält 500 Euro für die NPO, mit der es zusammenarbeitet.[23] Indem dieser Wettbewerb von der hessischen Landes-

---

[23] Vgl. Homepage Ehrenamtskampagne "Gemeinsam-Aktiv" der Hessischen Landesregierung: www.gemeinsamaktiv.de/dynasite.cfm?dssid=137&dsmid=8389#dstitle_50823 [12.03.2008].

regierung initiiert wird, zeigt sich erneut, dass der Staat sich aus der Diskussion um CV nicht ganz zurückhält. Auch der Ideenwettbewerb von „startsocial" kann hier exemplarisch angeführt werden, da hier die Weitergabe von Wissen zwischen Unternehmen und sozialen Einrichtungen gefördert wird.[24]

Die normative Säule enthält insofern Erklärungspotential, da CV im Idealfall einer freiwilligen Selbstverpflichtung entspringt und somit auf Moral und Selbstverpflichtung gründet. Es kann davon ausgegangen werden, dass CV existiert, weil Organisationen einen moralischen Druck für regelhafte Handlungen empfinden. Auch die Untersuchung von Backhaus-Maul/Braun kommt zu dem Schluss, dass Unternehmen in Deutschland ihr Engagement als einen selbstverständlichen Bestandteil ihrer unternehmerischen Aktivitäten auffassen (vgl. Backhaus-Maul/Braun 2007: 9).

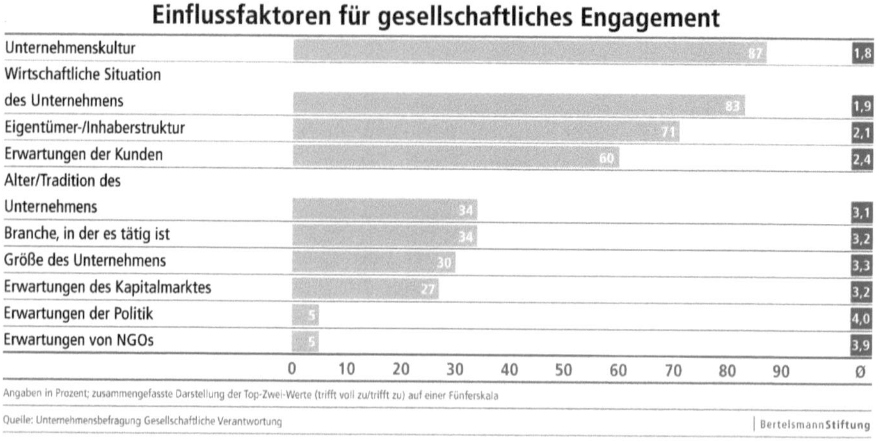

Einflussfaktoren für gesellschaftliches Engagement

Faktor	%	Ø
Unternehmenskultur	87	1,8
Wirtschaftliche Situation des Unternehmens	83	1,9
Eigentümer-/Inhaberstruktur	71	2,1
Erwartungen der Kunden	60	2,4
Alter/Tradition des Unternehmens	34	3,1
Branche, in der es tätig ist	34	3,2
Größe des Unternehmens	30	3,3
Erwartungen des Kapitalmarktes	27	3,2
Erwartungen der Politik	5	4,0
Erwartungen von NGOs	5	3,9

Angaben in Prozent; zusammengefasste Darstellung der Top-Zwei-Werte (trifft voll zu/trifft zu) auf einer Fünferskala
Quelle: Unternehmensbefragung Gesellschaftliche Verantwortung | BertelsmannStiftung

Abbildung 9: Einflussfaktoren für gesellschaftliches Engagement

(Quelle: Bertelsmann Stiftung 2005: 10)

Die Befolgung erfolgt aber auch, weil es erwartet wird. So zeigt das Ergebnis der von der Bertelsmann Stiftung in Zusammenarbeit mit TNS Emnid durchgeführten Unternehmensbefragung in Abbildung 9 „Einflussfaktoren für gesellschaftliches Engagement", dass Unternehmen ferner nicht nur auf die eigene Branche, die Erwartungen ihrer Kunden oder des Kapitalmarkts reagieren. Auch Erwartungen der Politik und von NGOs (stellvertretend für die NPOs) spielen – wenn auch nur in geringem Maße – eine Rolle.

---

[24] Vgl. Homepage „startsocial": www.start-social.de [12.03.2008].

Dadurch dass CV einen Beitrag dazu leistet, Erwartungen aus der Gesellschaft in Organisationen zu transportieren, können diese sich in die Lage versetzen, Risiken existenzbedrohender Konflikte zu minimieren. Durch Kooperationen von Unternehmen mit NPOs kann darüber hinaus eine gesteigerte Sensibilität und umfassende Kompetenz entwickelt werden. Schließlich wird davon ausgegangen, dass CV dazu beitragen kann, einen kommunikativen Anknüpfungspunkt zur schaffen, der auf Organisationen zurückwirkt, da sie sich beobachtet wissen (vgl. Hubbertz 2006: 308f). Fraglich ist, ob das kulturelle Umfeld von Organisation CV bereits akzeptiert und mit seinen Denkmustern vereinbart hat. Zwar ist in Deutschland die gesellschaftliche Verantwortung von Unternehmen – wie auch das Ehrenamt als solches – kein neues, sondern ein ausgesprochen traditionelles Thema, doch basierte dieses Engagement bislang eher auf Spenden und Sponsoring als auf dem Einsatz von Personal (vgl. Schöffmann 2001b: 14). Das gesellschaftliche Engagement von Unternehmen ist also nicht vollkommen fremd, allerdings ist der Begriff CV in Deutschland noch nicht weit verbreitet. Somit kann an dieser Stelle noch nicht davon ausgegangen werden, dass CV in den kulturellen Denkmustern fest verankert ist. Schließlich ist die Gewinnorientierung von Unternehmen weiterhin eine hochgradig institutionalisierte Erwartungsstruktur (vgl. Hasse/Krücken 1999: 57), d. h. Unternehmen werden von einem Großteil der Gesellschaft weiterhin als rein ökonomisch effiziente Organisationen wahrgenommen, die nur dazu da sind, Gewinne zu erzielen und ihren Profit zu maximieren. Allerdings wird davon ausgegangen, dass die Grundsteine für einen Wandel bereits gelegt sind. Schöffmann glaubt, dass „sich gar nicht mehr die Frage [stellt], *ob* CV auch in Deutschland Praxis werden sollte, sondern nur noch, *wie* dieser für die Gesellschaft positive Wettbewerbsimpuls aufgegriffen werden kann" (Schöffmann 2001b: 18).[25]

Fraglich ist ferner, welchen Grad der Institutionalisierung CV derzeit besitzt. Da es ein noch junges Thema ist, kann nicht davon ausgegangen werden, dass es über Generationen von Organisationsmitgliedern eingesetzt worden ist, weshalb eine Kontinuität zu diesem Zeitpunkt noch nicht gegeben erscheint. Darüber hinaus existieren noch immer eine Vielzahl an Vorbehalten bezüglich CV, so dass auch noch nicht von einem allgemeinen Konsens gesprochen werden kann. Schließlich wird insbesondere von neoliberalen Gruppierungen und Globalisierungskritikern heftige Kritik geäußert (vgl. Hubbertz 2006: 306). Es kann somit davon ausgegangen werden, dass CV noch keine vollständige Institutionalisierung erfahren hat. Allerdings bestehen für Organisationen schon Möglichkeiten, sich über andere (erfolgreiche) Organisation zu informieren, indem bspw. (CSR-)Berichte oder Presseerklärungen über die Erfolge und die

---

[25] Hervorhebung im Original.

Effizienzwirkung von CV gelesen werden. Indem CV-Programme, sowohl in Unternehmen als auch in NPOs zunehmend Verbreitung finden und sich über dieses neue Thema ein neues strukturelles Elemente in Organisationen entwickelt, welches Organisationen miteinander in Verbindung bringt, die bislang keine Verbindung zueinander aufgewiesen haben, liegt die Vermutung nahe, dass CV derzeit semi-institutionalisiert ist (vgl. Walgebach 2002: 179). Aus dem soeben betrachteten Zusammenhang lässt sich die Annahme formulieren:

> Die von Zucker vertretene Perspektive, dass Organisationen die Quellen institutionalisierter Strukturelemente und Managementpraktiken sind, könnte in Bezug auf CV und Freiwilligen-Management eine Rolle spielen, da diese Programme und Stellen in der Gesellschaft als solche nur wenig bekannt und anerkannt sind und weil sie ausschließlich von Organisationen als legitim und richtig bezeichnet werden.

Schließlich hat sich sowohl CV als auch Freiwilligen-Management aus Organisationen heraus entwickelt und gewinnt zunehmend an Verbreitung. Dadurch, dass Organisationen diejenigen sind, die Presseerklärungen und (CSR-)Berichte über ihr Engagement herausgeben, hält das Wissen darüber, was sie tun, zunehmend in der Gesellschaft Einzug, wo es ein relativ hohes Ansehen genießt, da ausschließlich positiv darüber berichtet wird.

4.4 Professionalisierung

In der neoinstitutionalistischen Organisationstheorie findet Professionalisierung gleich in zweifacher Hinsicht Beachtung. Zum einen bei der Beschreibung der Strukturangleichung (normativer Druck), zum anderen bei der Beschreibung des institutionellen Wandels (Diffusion). Auch in Bezug auf CV kann eine verstärkte Professionalisierung festgestellt werden. Zunehmend etablieren sich, wie bereits in Kapitel 2.3.1 gezeigt, Aus- und Fortbildungsgänge sowie Studiengänge zum/zur Freiwilligen-ManagerIn, die zu einer Strukturangleichung von Unternehmen und NPOs führen. Darüber hinaus existieren auch bereits erste Netzwerke und Fachtage, die nicht minder an diesem Prozess beteiligt sind. Zu nennen ist hier bspw. das Bundesnetzwerk Bürgerschaftliches Engagement (BBE)[26], das seinem Anspruch nach ein gemeinsames Netzwerk aller drei großen gesellschaftlichen Bereiche – Bürgergesellschaft, Staat und Kommunen, Wirtschaft/Arbeitsleben – ist, und die Förderung von bürgerschaftlichem Engagement und Bürgergesellschaft unterstützt. Das Netzwerk sieht seinen Auftrag darin, nachhaltige Impulse der Engagementförderung in der Praxis von Bürgergesell-

---

[26] Vgl. Homepage Bundesnetzwerk Bürgerschaftliches Engagement: www.b-b-e.de [16.04.2008].

schaft, Staat und Wirtschaft sowie in der Politik zu setzen. Die Bundesinitiative Unternehmen: Partner und Jugend (UPJ)[27] sieht sich als deutsches Kompetenznetz für CC und deutschlandweiter Mittler zwischen Wirtschaft und Gemeinwesen. UPJ hat darüber hinaus, gemeinsam mit zahlreichen Unternehmen, die Gründung des ersten deutschen Corporate Citizenship Unternehmensnetzwerks initiiert und betreibt die Unternehmensberatung 3C (Competence in Corporate Citizenship), die Unternehmen rund um das Thema berät. Darüber hinaus bietet die Homepage von UPJ zahlreiche Publikationen und weiteres interessantes Material zum kostenlosen Download. Auch zahlreiche Verbände und Vereinigungen der deutschen Wirtschaft beteiligen sich aktiv an der Diskussion, wie das Unternehmensnetzwerk „econsense", Forum für nachhaltige Entwicklung,[28] zeigt. Darüber hinaus stellt die in diesem Jahr bereits zum achten Mal stattfindende, bundesweite Fachtagung der Akademie für Ehrenamtlichkeit Deutschland (fjs) e.V.[29], die den AbsolventInnen des Ausbildungsgangs Freiwilligen-Management^{TM} einen Rahmen bietet, den Austausch über die beruflichen Erfahrungen als Freiwilligen-ManagerInnen anzuregen und zu fördern, ein geeignetes Beispiel, um zu zeigen, dass Isomorphie du normativen Druck stattfindet.

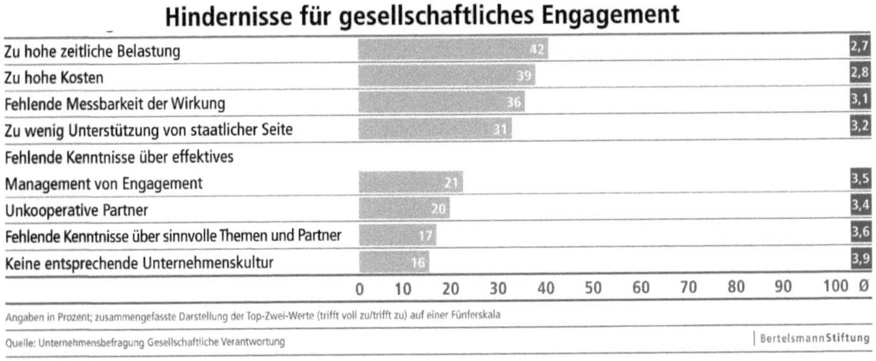

Hindernisse für gesellschaftliches Engagement

		Ø
Zu hohe zeitliche Belastung	42	2,7
Zu hohe Kosten	39	2,8
Fehlende Messbarkeit der Wirkung	36	3,1
Zu wenig Unterstützung von staatlicher Seite	31	3,2
Fehlende Kenntnisse über effektives Management von Engagement	21	3,5
Unkooperative Partner	20	3,4
Fehlende Kenntnisse über sinnvolle Themen und Partner	17	3,6
Keine entsprechende Unternehmenskultur	16	3,9

Angaben in Prozent; zusammengefasste Darstellung der Top-Zwei-Werte (trifft voll zu/trifft zu) auf einer Fünferskala
Quelle: Unternehmensbefragung Gesellschaftliche Verantwortung | BertelsmannStiftung

Abbildung 10: Hindernisse für gesellschaftliches Engagement

(Quelle: Bertelsmann Stiftung 2005: 19)

Zu beobachten ist, dass CV gegenüber traditionellen Spenden und Sponsoring Maßnahmen zugenommen hat (vgl. Schöffmann 2001b: 14). Allerdings fehlt es derzeit an einer weiteren Theoretisierung, um von einem vollzogenen institutio-

---

[27] Vgl. Homepage Unternehmen: Partner der Jugend (UPJ): www.upj-online.de [15.04.2008].
[28] Vgl. Homepage „econsense": www.econsense.de [07.04.2008].
[29] Vgl. Homepage Akademie für Ehrenamtlichkeit (fjs) e.V.: www.ehrenamt.de [01.04.2008].

nellen Wandel sprechen zu können. Auf die Notwendigkeit einer weiteren Theoretisierung verweisen verschiedene Autoren (vgl. H. Backhaus-Maul 2006: 37) und der Rat für nachhaltige Entwicklung (vgl. Rat für nachhaltige Entwicklung 2006: 11). Auch die Ergebnisse der von der Bertelsmann Stiftung in Zusammenarbeit mit TNS Emnid durchgeführten Untersuchung in Bezug auf die Hindernisse für das gesellschaftliche Engagement von Unternehmen lassen die Notwendigkeit einer weiteren Theoretisierung erkennen, wie Abbildung 10 „Hindernisse für gesellschaftliches Engagement" (Seite 71) zeigt. Eine weitere Theoretisierung des Themas CV könnte dazu beitragen, die von 500 „Top-Entscheidern" der deutschen Wirtschaft bemängelte „fehlende Messbarkeit und Wirkung", die „fehlende Kenntnis über effektives Management von Engagement" sowie die „fehlende Kenntnisse über sinnvolle Themen und Partner" zu minimieren (vgl. Bertelsmann Stiftung 2005: 19). Darüber hinaus könnte eine weitere Professionalisierung die bislang noch existierenden Unternehmensmonologe verdrängen und die für eine gemeinsame Partnerschaft so wichtigen Stakeholderdialoge fördern, um die angestrebte Win-Win-Situation zu erreichen. Insbesondere Freiwilligen-ManagerInnen könnten durch ihre Mittlerrolle dazu beitragen, die Kommunikation zwischen Unternehmen und NPOs anzuregen, indem sie als theoretisierende Akteure im Diffusionsprozess von CV agieren. Theoretisierende werden schließlich als Überträger neuer Strukturelemente und Managementpraktiken bezeichnet (vgl. Strang/Meyer 1993: 491f). Aus diesen Überlegungen kann nun die Annahme formuliert werden:

> Erfolgreiche CV-Programme können langfristig nicht ohne Freiwilligen-ManagerInnen auskommen, wenn Organisationen durch diese Programme eine größere Legitimität in der für sie relevanten Umwelt erzielen möchten.

5 Empirische Erhebung

Das zentrale Anliegen dieser empirischen Erhebung ist es, Gründe und Motive der befragten Organisationen für die Einführung von CV-Programmen und die Durchführung von CV-Projekten herauszufinden. Deshalb lautet die Forschungsfrage: Wie können Organisationen die aus der relevanten Umwelt zugesprochene Legitimität erhalten und ggf. steigern, um den überlebenswichtigen Ressourcenfluss zu sichern? Sind CV-Programme geeignete Mittel dazu? Welche Vorteile schafft die Durchführung solcher Projekte einer Organisation? Wirken sie sich tatsächlich positiv auf Organisationen aus oder können sie sogar einen Legitimitätsverlust verursachen? Wie und vor allem von wem müssen diese Projekte organisiert sein, um die erhoffte Legitimität zugesprochen zu bekommen? Sind Freiwilligen-ManagerInnen dazu in der Lage?

Die aus der empirischen Erhebung gewonnen Erkenntnisse werden anhand des vorliegenden theoretischen Rahmens ausgewertet. Dazu dient die neoinstitutionalistische Organisationstheorie. Allerdings können die theoretischen Annahmen hier nur einen vorläufigen Charakter haben (vgl. Kromrey 2002: 30). Schließlich kann diese Querschnittsanalyse keine Falsifizierung der postulierten Annahmen gewährleisten. Deshalb soll es im Rahmen dieser Untersuchung auch darum gehen, sich an das Forschungsfeld CV und professionelles Freiwilligen-Management anzunähern und Tendenzen im Hinblick auf die Fragestellung herauszuarbeiten. Es soll also das organisationale Feld CV und professionelles Freiwilligen-Management näher beschrieben werden. Ferner soll erforscht werden, welche Mechanismen und Wahrnehmungen der beteiligten Akteure hier wirken und möglicherweise deren Handeln beeinflussen.

5.1 Methodisches Vorgehen

Die nachfolgende Untersuchung folgt einem qualitativen Forschungsdesign, da der Untersuchungsgegenstand gegenwärtig wenig erforscht ist. Insbesondere eine Verknüpfung des Themas CV mit einer organisationssoziologischen Theorie ist bislang ausgeblieben (vgl. Backhaus-Maul 2004: 26). Da CV und professionelles Freiwilligen-Management ein relativ junges Forschungsgebiet darstellen, besitzt die vorliegende Untersuchung einen explorativen Charakter, weshalb sich ein am Prinzip der Offenheit und Flexibilität orientiertes Forschungsvorhaben empfiehlt. Die Entscheidung für die Durchführung einer qualitativen Befragung ergibt sich zudem aus der Forschungsfrage, da im Mittelpunkt spezielle Aspekte von CV und Freiwilligen-Management stehen und weniger quantitative Aussagen wie bspw. die Häufigkeit von Sichtweisen.

Ziel einer qualitativen Inhaltsanalyse ist es, die Texte systematisch zu analysieren, indem das Material schrittweise mit theoriegeleiteten Kategoriesystemen bearbeitet wird (siehe Kapitel 5.4). Dabei ist zu beachten, dass die Inhaltsanalyse kein Standardinstrument ist, das immer gleich aussieht. Vielmehr muss sie an den konkreten Gegenstand, also an das Material, angepasst sein und auf die spezifische Fragestellung hin konstruiert werden (vgl. Mayring 2003: 42f). Die konkrete Analyse erfolgt auf Basis einer deduktiven Kategoriebildung, obwohl in der Literatur davon ausgegangen wird, dass bei qualitativen Inhaltsanalysen die induktive Kategoriebildung fruchtbarer ist (vgl. Mayring 2003: 74f). Da dieser Arbeit aber eine Theorie zu Grunde liegt (NI) und deduktive Kategoriebildung als ein Kategorie-Bildungsverfahren bezeichnet wird, welches Thema und Abstraktionsniveau theoriegeleitet festlegt, kommt dieses Kategorie-Bildungsverfahren hier zur Anwendung.

5.2 Datenerhebung

Als Befragungsart wurde das persönliche ExpertInnen-Interview gewählt, das auf der Basis eines Leitfadens geführt wird (siehe Anhang 1). Die Wahl dieser Erhebungsmethode erscheint im Gegensatz zu anderen Erhebungsmethoden, wie bspw. der teilnehmenden Beobachtung, im Rahmen der hier vorliegenden Arbeit unter zwei Aspekten sinnvoll: Zum einen sollen die Daten in relativ kurzer Zeit erhoben werden und dennoch gute Ergebnisse liefern. Zum anderen geht es darum, die in den befragten Organisationen mit CV beauftragten Personen (Freiwilligen-ManagerInnen) selbst zu Wort kommen zu lassen, sie also in ihrer Funktion als ExpertInnen anzusprechen.[30]

Der Leitfaden ist aufbauend auf die neoinstitutionalistische Organisationstheorie, die in Kapitel 3 theoretisch hergeleitet wurde, entwickelt worden. Er ist offen gestaltet, um auf spontane Fragen, die sich im Verlauf des Interviews ergeben, eingehen zu können. Gerade der Leitfaden ist es, der die Offenheit des In-

---

[30] In der Literatur findet sich u. a. folgende Definition für den Begriff ExpertIn: „[Als] Experten [lassen sich] Personen verstehen, die sich – ausgehend von spezifischem Praxis- oder Erfahrungswissen, das sich auf einen klar begrenzbaren Problemkreis bezieht – die Möglichkeit geschaffen haben, mit ihren Deutungen das konkrete Handlungsfeld sinnhaft und handlungsleitend zu strukturieren" (Bogner et al. 2005: 45).

terviewverlaufs gewährleistet, da die Befragten die Möglichkeit besitzen frei, zu antworten. Die gewählte Erhebungsmethode kann zudem gewährleisten, dass auch nicht antizipierte oder unerwartete Informationen mit einfließen können (vgl. Lamnek 2005: 21). Trotz seiner Offenheit ist das ExpertInnen-Interview auf eine bestimmte Problemstellung zentriert, die der/die InterviewerIn einführt und auf die er/sie immer wieder zurückkommt. Mittels dieser Interviewform ist es also möglich, Wahrnehmungen, Interpretationen oder soziale Konstruktionen der Befragten zu erfassen, die bei anderen Erhebungsmethoden möglicherweise verborgen bleiben (vgl. Mayring 2005: 67).

Die Konstruktion des Leitfadens bietet darüber hinaus eine gute Möglichkeit, sich mit den Themen vertraut zu machen, und bildet somit die Grundlage für ein „lockeres Gespräch" (Meuser/Nagel 2005: 78). Der Leitfaden dient dabei lediglich als Orientierung oder Gerüst und soll sicherstellen, dass keine wesentlichen Aspekte der Forschungsfrage im Interview vergessen werden. Das Interview muss nicht strikt nach der zuvor festgelegten Reihenfolge der Fragen verlaufen. Auch hat der/die InterviewerIn selbst zu entscheiden, ob und wann er/sie detailliert nachfragt (vgl. Mayer 2004: 36). Erwähnt werden sollte an dieser Stelle, dass im Unterschied zu anderen Formen des offenen Interviews bei ExpertInnen-Interviews nicht die interviewte Person den Gegenstand der Analyse bildet. Vielmehr geht es um einen organisatorischen oder institutionellen Zusammenhang, der mit dem Lebenszusammenhang der agierenden Person gerade nicht identisch ist (vgl. Meuser/Nagel 2005: 72f).

In Kapitel 4 (Operationalisierung) wurde bereits erläutert, inwiefern die aus der Theorie entlehnten Begrifflichkeiten und die daraus abgeleiteten Vorannahmen auf das Thema CV und professionelles Freiwilligen-Management angewendet werden können. Da die aus der Theorie abgeleiteten Begriffe im ExpertInnen-Interview nicht fruchtbar gemacht werden können, weil sie zu abstrakt sind, wurde der Leitfaden in eine allgemeinverständliche Alltagssprache ‚übersetzt'. Wie der Interviewleitfaden mit den aus der Theorie abgeleiteten Dimensionen und Kategorien in Verbindung gebracht worden ist, soll hier kurz erläutert werden.

Als Einstieg in das Interview dienen allgemeine Fragen nach den Erfahrungen der Befragten im Hinblick auf die Themen CV und professionelles Freiwilligen-Management. Dieser allgemeine Einstieg soll dazu beitragen, eine lockere Gesprächsatmosphäre zu schaffen, und den Interview-PartnerInnen die Möglichkeit geben, sich auf das Interview einzustellen. Zunächst wird nach den Entscheidungsgründen der Organisationen gefragt. Es geht einerseits darum, herauszufinden, wie die Organisationen auf CV aufmerksam wurden, und andererseits darum, zu erfahren, ob das Thema an sie herangetragen worden ist. In der Sprache des NI geht es als darum herauszufinden, ob Erwartungen wichtiger Anspruchsgruppen an die Organisationen herangetragen worden sind. Ferner wird gefragt, ob bestimmte Praktiken bei der Einführung von CV-Programmen von anderen Organisationen kopiert wurden und welche Gründe zur Schaffung der Stelle eines Freiwilligen-Managers bzw. einer Freiwilligen-Managerin beigetragen haben. Damit sollen die im NI beschriebenen Merkmale der Strukturangleichung sowie der Grad der Institutionalisierung identifiziert werden. Als nächstes interessieren die entstandenen Kooperationsbeziehungen. Dabei stehen insbesondere Aspekte der Zusammenarbeit zwischen NPOs und Unternehmen im Vordergrund sowie die Mitarbeit der Befragten in Netzwerken oder Forschungsgruppen. Es sollen hier Merkmale herausgearbeitet werden, die dazu dienen, das organisationale Feld näher zu bestimmen. Als nächstes stehen die Resultate im Zentrum der Betrachtung. Gefragt wird nach organisationsinternen Veränderungen wie bspw. Stellen oder Abteilungen, aber auch die Vorteile, die CV-Programme und Freiwilligen-ManagerInnen der Organisation bringen, sollen hier aufgezeigt werden. Die im NI beschriebene Anpassung an die formale Struktur sowie der Ressourcenfluss soll anhand dieser Fragen herausgearbeitet werden. Im Anschluss daran wird nach Problemen gefragt, mit denen sich die Organisationen konfrontiert sehen. Diese sollen Aufschluss über widersprüchliche Erwartungen, die an die Organisation herangetragen werden, aber auch über organisationsinterne Konflikte geben. Zum Abschluss des Interviews werden die ExpertInnen noch gebeten, eine Zukunftsprognose zu stellen, also eine Aussage darüber treffen, wie sich die Themen entwickeln werden und welcher Handlungsbedarf ihrer Meinung nach noch besteht.

5.3 Die untersuchten Organisationen

Insgesamt wurden neun ExpertInnen-Interviews mit VertreterInnen aus drei wichtigen Akteursgruppen unternehmerischen Engagements geführt (vgl. Backhaus-Maul 2001: 36). Ihr ExpertInnenstatus ergibt sich einerseits aus der Verantwortung für CV und Freiwilligen-Management in der jeweiligen Organisation sowie aus ihrem privilegierten Zugang zu Informationen, die sie durch ihre Position besitzen (vgl. Meuser/Nagel 2005: 73). Die Auswahl der Interview-PartnerInnen erfolgte in der Absicht, die Perspektive möglichst aller an CV und Freiwilligen-Management beteiligten Organisationen einzuholen, um so u. a. Aspekte der Partnerschaft zu analysieren. Die Interview-PartnerInnen und Organisationen sind nach Art der Umsetzung und Erfahrung sowohl mit CV als auch mit Freiwilligen-Management ausgewählt worden. Eine Vergleichbarkeit zwischen ihren Positionen und der vermuteten Verwandtheit ihres Erfahrungswissens sollte somit möglich sein.

Als VertreterInnen von international tätigen Unternehmen wurden der Head of Volunteering der Deutschen Bank AG, die Corporate Responsibility Managerinnen von KPMG, die CSR und Pro Bono Koordinatorin der Rechtsanwaltskanzlei Freshfields Bruckhaus Deringer sowie eine Mitarbeiterin der Abteilung Grundsätze Führungskräfteentwicklung der Deutschen Bahn AG befragt. Als VertreterInnen von NPOs fanden Interviews mit der Ehrenamtsbeauftragten des Caritas Verbandes Frankfurt, der Leiterin der ehrenamtlichen Sozialdienste, zusammen mit der Stadtbeauftragten des Malteser Hilfsdienstes e.V. Frankfurt sowie mit der Freiwilligenkoordinatorin der Lebenshilfe e.v. Landesverband Berlin statt. Ferner wurden als VertreterInnen von Freiwilligen-Agenturen die Ansprechpartnerin Unternehmensengagement des Frankfurter Bürgerinstituts BüroAktiv und der Projektleiter und Referent des Ausbildungsgangs „Freiwilligen-Management^{TM}" der Akademie für Ehrenamtlichkeit Deutschland (fjs) e.v. befragt.

Die Befragung fand im Zeitraum vom 22. April bis 2. Juni 2008 statt. Acht Interviews wurden persönlich geführt. Eines musste krankheitsbedingt auf telefonischem Wege nachgeholt werden. Sämtliche Interviews wurden auf Tonband aufgezeichnet und später vollständig transkribiert. Die Transkription erfolgte weitestgehend wörtlich. Bereinigt wurde die Sprache nur dort, wo grammatikalische Fehler bestanden. An diesen Stellen wurde dann inhaltsgetreu transkribiert. Weil es bei ExpertInnen-Interviews, um gemeinsam geteiltes Wissen geht, sind Notationssysteme hier überflüssig, da Pausen, Stimmlagen sowie sonstige nonverbale Elemente hier nicht Gegenstand der Interpretation sind (Meuser/Nagel 2005: 83). Die Dauer der Interviews betrug im Durchschnitt eine Stunde. Wie im Interview angekündigt, wurden die Namen der befragten ExpertInnen anonymisiert, damit Außenstehende einzelne Aussagen nicht bestimmten Personen bzw. Organisationen zuordnen können. Im Nachfolgenden wird deshalb nur noch verallgemeinernd von Unternehmen, NPOs und Mittlern (Freiwilligen-Agenturen) gesprochen. Dies erscheint in Anbetracht der Tatsache, dass es Ziel der Auswertung von ExpertInnen-Interviews ist, das „Überindividuell-Gemeinsame" herauszuarbeiten, auch sinnvoll (vgl. Mayer 2004: 46).

5.4 Datenauswertung

Die Auswertung erfolgte computergestützt mit dem sozialwissenschaftlichen Textanalyseprogramm MaxQDA[31], das die Kategorisierung des Interviewmaterials unterstützt. MaxQDA ist eine Software, in die die transkribierten Interviews eingelesen werden und mittels derer die Aussagen der Befragten für die Aus-

---

[31] Nähere Informationen zu MaxQDA finden sich unter: www.maxqda.de [02.05.2008].

wertung systematisch geordnet und verglichen werden können. Gegenüber quantitativen Analysesoftwareprogrammen, wie bspw. SPSS, kann dieses Programm jedoch keine Analyse im eigentlichen Sinne durchführen. Es dient daher nur als Werkzeug zur Organisation von qualitativen (Text-)Daten. Somit bleibt die eigentliche Analyse und Interpretation der erhobenen Daten weiterhin dem Forscher bzw. der Forscherin überlassen. Dabei werden die Interviews miteinander verglichen, kontrastiert, Gemeinsamkeiten herausgearbeitet und Regelmäßigkeiten festgestellt (vgl. Kopp/Menez 2005: 21f).

Für die Auswertung des Interviewmaterials mit MaxQDA wurde ein Set an Dimensionen und Kategorien entwickelt, bei dem die Ober- und Unterkategorien aus den theoretischen Überlegungen des NI abgeleitet wurden. Dafür mussten die für den Interviewleitfaden in die Alltagssprache übersetzten Fragen wieder zurück in die theoretischen Begriffe des NI zurückzuübersetzen werden. Weitere, nicht theoriegeleitete Kategorien sind auf der Basis des Interviewmaterials entstanden. Die für die Auswertung zugrunde liegenden Dimensionen und Kategorien sollen hier kurz erläutert werden.

Zur groben Strukturierung dienen die drei Dimensionen Umwelt, Organisation und Effekte/Legitimitätswirkung. Die Dimension Umwelt wird zum einen in die Oberkategorie „Erwartungen wichtiger Anspruchsgruppen" gegliedert, die Aufschluss darüber geben soll, ob Erwartungen intern oder extern auferlegt sind, ob also die makroinstitutionalistische Perspektive von Meyer/Rowan und DiMaggio/Powell (siehe Kapitel 3.1.1 und 3.1.2) oder die mikroinstitutionalistische Perspektive von Zucker (siehe Kapitel 3.1.3) hier zutrifft. Die Dimension Umwelt wird zum anderen in die Oberkategorie „Erwartungen wichtiger Anspruchgruppen" unterteilt, deren Unterkategorien sich an den von DiMaggio/Powell beschriebenen vier Kriterien zur Beschreibung eines organisationalen Feldes orientieren (siehe Kapitel 3.1.2).

Die Dimension Organisation ist in die Oberkategorien Strukturangleichung, Anpassung an die formale Struktur sowie Konflikte unterteilt. Die Strukturangleichung spiegelt die drei von DiMaggio und Powell beschrieben Isomorphien wieder (siehe Kapitel 3.1.2.1 bis 3.2.2.3). Die Anpassung an die formale Struktur soll aufzeigen, welche Gründe für die Adaption neuer Strukturen ausschlaggebend sind (siehe Kapitel 3.1.1). Die Kategorie Konflikte ist nicht weiter unterteilt. Es soll hier dargelegt werden, wie die Organisationen mit widersprüchlichen Anforderungen umgehen in Anlehnung an die von Meyer und Rowan beschriebenen Probleme (siehe Kapitel 3.1.1).

Die dritte Dimension Effekte/Legitimitätswirkung wurde in vier Oberkategorien unterteilt: Institutionalisierung, Integration in die Unternehmensstrategie, Ressourcenfluss für Unternehmen und NPOs sowie Handlungsbedarf. Die Unterkategorien der Institutionalisierung orientieren sich an dem von Tolbert und

Zucker entwickelten dreistufigen Prozessmodell, welches Aussagen über den Grad der Institutionalisierung ermöglichen soll (siehe Kapitel 3.2.3). Die Unterkategorien der Integration in die Unternehmensstrategie sollen aufzeigen, ob sich Formal- und Aktivitätsstruktur voneinander trennen, so wie von Meyer und Rowan angenommen (siehe Kapitel 3.1.1.1). Die Unterkategorien des Ressourcenflusses dienen dazu, zu zeigen, ob CV und Freiwilligen-Management tatsächlich dazu in der Lage sind, die Legitimität einer Organisation zu erhalten und ggf. zu steigern, und – wenn ja – durch welche Merkmale diese Legitimitätssteigerung zum Ausdruck kommt. Dabei werden für Unternehmen und NPOs unterschiedliche legitimitätsstiftende Faktoren herangezogen, die nicht der Theorie entnommen sind. Auch die Oberkategorie Handlungsbedarf ist nicht an die Theorie angelehnt, soll aber Anstöße zur Weiterentwicklung des Themas bieten.

Das finale Kategoriesystem ist dieser Arbeit in Anhang 2 beigefügt. Es folgt nun die Auswertung und Interpretation der Interviews anhand des entwickelten Kategoriesystems.

6 Darstellung der Untersuchungsergebnisse

Im Hinblick auf die anfangs aufgeworfene Forschungsfrage – ob CV-Programme dazu beitragen die Legitimität einer Organisation zu erhalten und ggf. zu steigern und welche Rolle Freiwilligen-ManagerInnen dabei einnehmen – können nach der Auswertung des empirischen Materials folgende Ergebnisse festgehalten werden.

6.1 Erwartungen wichtiger Anspruchsgruppen

Die öffentliche Diskussion um CV wird von allen InterviewpartnerInnen, also von Unternehmen, NPOs und Mittlern, wahrgenommen. Allerdings nehmen die befragten Organisationen die öffentliche Diskussion nicht als eine an sie herangetragene Erwartung wahr. Lediglich zwei Unternehmen sprechen davon, dass es „(...) von der Gesellschaft erwartet [wird], engagiert euch da." (Interview 7: 12).[32] Alle weiteren sehen sich in Bezug auf CV keinem Erwartungsdruck ausgesetzt. Dieses Ergebnis könnte vor allem damit zu tun haben, dass alle Organisationen zu den frühen Adaptoren von CV und auch Freiwilligen-Management gehören. Als die befragten Organisationen das Thema CV aufgriffen – teils schon im Jahr 2000 –, war die öffentliche Diskussion und damit auch die öffentliche Wahrnehmung, noch nicht so weit vorangeschritten wie das heute der Fall ist. Dies hat auch ein(e) Interview-PartnerIn bestätigt, die darauf verweist, dass

> „(...) das Thema zunehmend in den Medien, in der Öffentlichkeit präsent [ist]. Aber damals zu der Zeit, vor acht Jahren, war es mehr im Hintergrund, also wenig bekannt" (Interview 2: 10).

Da die interviewten Organisationen bereits Programme betreiben und teilweise auch Abteilungen und Stellen eingerichtet haben, die sich ausschließlich um das gesellschaftliche Engagement kümmern (siehe ausführlich Kapitel 6.3), ist davon auszugehen, dass Anforderungen aus der Umwelt entweder nicht wahrgenommen oder aber dass sie tatsächlich nicht an diese Organisationen herangetragen

---

[32] Die nachfolgende Zitierweise orientiert sich an der computergestützten Auswertung mit MaxQDA. Dabei wird zunächst die Nr. des Interviews und im Anschluss die durch das Einlesen der Interview-Texte automatisch generierte „Absatz-Zahl" genannt.

werden. Dass Erwartungen aus der Umwelt nur sehr wenig wahrgenommen werden, könnte auch dem Umstand geschuldet sein, dass davon ausgegangen wird, dass CV derzeit eher von Menschen wahrgenommen wird,

> „(...) die damit auch arbeiten und die in Unternehmen arbeiten, die CV betreiben. Wenn man jetzt irgendjemand auf der Straße fragen würde, würde er wahrscheinlich erst einmal nicht wissen, was er damit anzufangen hätte" (Interview 8: 88).

Diese Aussage gibt Hinweise dahingehend, dass sich die mikroinstitutionalistische Perspektive von Zucker hier bestätigt und dass CV nur in einem organisationalen Kontext als Institution verstanden wird. Die Umwelt dagegen übt nur wenig Einfluss auf die Organisationen aus.

Dass an die interviewten Organisationen nur sehr wenige Erwartungen herangetragen werden könnte auch daran liegen, dass diese Organisationen teilweise mit ihrem Engagement an die Öffentlichkeit gehen und sich so vor einer externen Inspektion und Evaluation schützen (vgl. Meyer/Rowan 1977: 359). Drei der vier interviewten Unternehmen verfassen CSR-Berichte und machen damit ihr Engagement der Öffentlichkeit zugänglich. Ein Unternehmen hat im Verlauf des Interviews sogar die konkrete Anzahl an Presseartikeln aus dem vergangenen Jahr benannt. Nach eigenen Angaben gab es

> „(...) im letzten Jahr 320 Presseartikel über Volunteering alleine in Deutschland und die waren alle positiv" (Interview 3: 10).

Bei den Mittlern und NPOs kann dagegen festgestellt werden, dass sie nicht sehr offensiv mit dem Thema werben, weil es nach eigenen Angaben ihre Kapazitäten übersteigt und sie sich fragen:

> „Wollen wir da eigentlich so viel investieren oder noch mehr investieren, nur weil es von außen an uns herangetragen wird? Oder haben wir nicht eigentlich andere Aufgaben" (Interview 1: 47)?

Interessant sind vor allem die Aussagen aller drei interviewten NPOs und eines Mittlers, die sagen, dass CV

> „(...) jetzt nicht ein Thema [ist], was wir forciert haben, sondern was so in der Entwicklung, die die Unternehmen gemacht haben, an uns herangetragen worden ist" (Interview 4: 6).

Auch anhand dieser Aussagen lassen sich Hinweise finden, dass sich die mikroinstitutionalistische Perspektive von Zucker bestätigt und dass Organisationen die bestimmenden Institutionen in modernen Gesellschaften sind (vgl. Walgenbach 2006: 382). Dieses Ergebnis kann zudem dadurch bekräftigt werden, dass alle vier interviewten Unternehmen

> „(...) verstärkt merken, dass nachgefragt wird von den Mandanten und anderen Geschäftspartnern, wie wir da aufgestellt sind, wie wir unsere Verantwortung denn wahrnehmen" (Interview 7: 61).

Somit kann also festgehalten werden, dass das gesellschaftliche Engagement von Unternehmen noch nicht als Erwartung aus der Umwelt an Organisationen herangetragen wird, sondern dass die Erwartungen nahezu ausschließlich von Unternehmen selbst formuliert werden. Da CV-Programme sich aber wachsender Beliebtheit erfreuen und das Thema in der öffentlichen und politischen Diskussion zunehmend Verbreitung findet, wäre es interessant herauszufinden, ob Organisationen, die zu den späten Adaptoren gehören, einen verstärkten Erwartungsdruck aus der Umwelt verspüren. Die Beantwortung dieser Fragen muss aber weiteren Forschungsvorhaben überlassen bleiben, denn im Rahmen dieser Untersuchung lassen sich keine Hinweise hierauf finden.

6.2 Herausbildung eines organisationalen Feldes

Ausgehend von den vier Merkmalen, die DiMaggio und Powell zur Bildung eines organisationalen Feldes benennen (siehe Kapitel 3.2.1), spielt die „Zunahme an Interaktionen" die größte Rolle in Bezug auf CV. Alle neun befragten Organisationen haben dies in den Interviews bestätigt. Aussagen wie:

> „Es zeichnet sich auch hier bei uns ab – auch so die letzten zwei Jahre –, dass mehr Anfragen bei mir auf dem Schreibtisch landen" (Interview 9: 68) oder „Wir haben zunehmend mehr Nachfragen. Also es ist stetig angewachsen, was an Nachfragen kommt" (Interview 4: 32)

zeigen, dass es eine Zunahme an Interaktionen zwischen Unternehmen und NPOs gibt. Auch wird davon ausgegangen,

> „(...) dass das Thema insgesamt, nicht nur deutschlandweit, sondern auch über die Grenzen hinweg – bleiben wir mal bei Deutschland – deutschlandweit wird es sich ausweiten, das glaube ich schon" (Interview 7: 91).

Einhergehend mit der Zunahme an Interaktionen stellen die befragten Organisationen auch eine anwachsende Informationslast fest, die sich einerseits durch vermehrte Anrufe, aber auch durch die immer präsenter werdende öffentliche Diskussion oder die anwachsende Anzahl an Diplomarbeiten dieses Thema betreffend zu erkennen gibt. Interessant erscheint vor allem die Tatsache, dass kein(e) Interview-PartnerIn sagt, dass ein Verhältnis der Über- und Unterordnung existiert. Vielmehr fühlen sich alle Organisationen als gleichberechtigte Partner und auf gleicher Augenhöhe wahrgenommen. Zwar hegt ein Unternehmen die Vermutung, dass „(...) unter Machtaspekten asymetrische Verhältnisse [bestehen]" (Interview 3: 28), doch wird dies von keiner NPO bestätigt. Die gemeinsame Koalition bildet für alle Beteiligten einen äußerst wichtigen Aspekt. Gerade die NPOs wollen bspw.

> „(...) nicht Handlanger sein für Unternehmen, die die sozialen Aspekte ihrer Mitarbeiterschaft verbessern wollen oder sich überhaupt ein besseres Image im Moment verschaffen wollen (...)" (Interview 4: 2).

Die empirische Untersuchung zeigt, dass alle neun Interview-PartnerInnen sehr stark darum bemüht sind, von vornherein klare Rahmenbedingungen zu schaffen, damit alle an CV-Programmen Beteiligten, etwas Gleichwertiges bekommen. Die Interviews bestätigen damit nicht, wie in der Literatur angenommen, dass die verschiedenen Stakeholdergruppen von Unternehmen in Deutschland noch immer nicht als gleichberechtigte Partner wahrgenommen werden (vgl. Backhaus-Maul 2006: 38). Es kann gezeigt werden, dass versucht wird, eine Win-Win-Situation zu schaffen.

Trotz dieses Bemühens, ist aber das Bewusstsein für das gemeinsame Thema CV noch nicht sehr stark verbreitet. Lediglich ein Unternehmen bestätigte, dass ein solches Bewusstsein vorhanden ist. Bei zwei weiteren Interview-PartnerInnen wird zumindest festgestellt

> „(...) dass das Bewusstsein dafür größer geworden ist" (Interview 9: 48) und „(...) dass viele Gemeinnützige da inzwischen viel offener geworden sind" (Interview: 1: 26).

Die Interviews und die daraus gewonnenen Erkenntnisse tragen dazu bei, die zuvor in Kapitel 4.2 getroffene Annahme zu bestätigen. Unternehmen und NPOs befinden sich durch das Thema CV in einem gemeinsamen organisationalen Feld. Dies kann auch die nachfolgende mit MaxQDA erstellte Abbildung 11 „Codematrix: Organisationales Feld" nochmals verdeutlichen.

Codesystem	Interview 1	Interview 2	Interview 3	Interview 4	Interview 5	Interview 6	Interview 7	Interview 8	Interview 9
⊟ Umwelt									
⊞ Erwartungen wichtiger Anspruchsgruppen	•	•					•		
⊟ Organisationales Feld	•	•							
Zunahme an Interaktionen	•	•	•	•	•	•	•	•	•
Koalition	•	•	•	■	•	•	•	•	•
Anwachsende Informationslast	■	•	•		•	•	•	•	•
Bewusstsein für gemeinsames Thema	•				•				

Abbildung 11: Codematrix: Organisationales Feld

Zwar ist die Relevanz der jeweiligen Aspekte innerhalb der einzelnen Interviews relativ gering, doch wird anhand der Codematrix deutlich, dass zumindest die Aspekte „Zunahme an Interaktionen" sowie „Koalition" von allen neun Interview-PartnerInnen genannt und damit auch wahrgenommen wird. Der Feldbegriff kann somit durch die vorliegende empirische Untersuchung inhaltlich gefüllt werden, so wie von DiMaggio und Powell gefordert (vgl. DiMaggio/Powell 1983: 148).

6.3 Strukturangleichung im organisationalen Feld

Wie bereits in den Vorüberlegungen in Kapitel 4.2 beschrieben, können die geführten Interviews bestätigen, dass eine Strukturangleichung durch Zwang in Bezug auf CV eine vergleichsweise geringe Rolle spielt. Alle neun Interview-PartnerInnen, ob Unternehmen, NPOs oder Mittler, bestätigen, dass Politik oder gesetzliche Anordnungen keine Kriterien für die Einführung von CV in der jeweiligen Organisation waren. Zwang wird lediglich zwei Mal in Form einer Erwartung von einer NPO und von einem Mittler formuliert. Es wird vermutet, dass

> „(...) mehr Wirtschaftsunternehmen (...) in diese Richtung [gehen], zum Teil gezwungenermaßen (...), also dass sie Teil einer internationalen Wirtschaftsorganisation sind, die dann nachfragt, also wir machen das so und so, warum macht ihr denn nichts, oder die Mitarbeiter fragen nach und dann gibt es natürlich auch Druck von außen, also Konsumenten haben eine Menge Macht" (Interview 6: 22).

Interessant ist vor allem die Erkenntnis, dass entgegen der neoinstitutionalistischen Organisationstheorie die empirischen Ergebnisse zeigen, dass drei der vier befragten Unternehmen die Praktiken ihrer angloamerikanischen KollegInnen keineswegs als Zwang empfinden. Vielmehr nehmen sie ihre langjährigen Erfahrungen im Umgang mit CV zum Vorbild. So sagt bspw. ein Unternehmen dass „(...) die Briten (...) damals Vorbild [waren] für meinen Chef" (Interview 7: 55). Auch der Umstand, dass Unternehmen wissen, „(...) dass es in England und Amerika funktioniert" (Interview 3: 10), zeugt eher von der Tatsache, dass die Praktiken von angloamerikanischen KollegInnen dazu beitragen, eine Strukturangleichung durch Mimese, also Imitation, zu bewirken, als dass sie tatsächlich erzwungen werden. Fraglich ist an dieser Stelle, inwieweit die Unternehmen CV-Programme tatsächlich freiwillig einführen oder ob nicht doch eine Anweisung ‚von oben' kam. Dass die empirischen Ergebnisse keine Hinweise hierauf geben, verwundert allerdings nicht, denn welches freie marktwirtschaftliche Unternehmen möchte zugeben, dass es sich etwas aufzwingen lässt. Zumindest eine Aussage deutet darauf hin, dass Zwang in gewisser Weise eine Rolle gespielt hat, denn die Antwort eines Unternehmens auf die Frage, ob CV an das Unternehmen herangetragen wurde oder ob das Thema aus freiem Willen aufgegriffen wurde, lautet: „Nein nein, das hat der globale Head entschieden" (Interview 3: 12).

Die Bedeutung einer Strukturangleichung durch mimetischen Prozess ist bei den befragten Organisationen etwas ausgeprägter, wenn auch nicht von allzu großer Relevanz. Dabei spielen nicht nur die Aktivitäten der angloamerikanischen KollegInnen eine Rolle. Die Vermutung, dass Unsicherheit dazu beiträgt, CV-Programme einzuführen, kann sich anhand der geführten Interviews bestätigen. Sechs der neun Interview-PartnerInnen, sowohl aus Unternehmen als auch aus NPOs, haben darauf hingewiesen, dass

> „(...) heutzutage nicht mehr der Staat alleine die vielfältigen Probleme lösen kann" (Interview 8.10) und dass es „(...) ja massiv überall zunehmend Problemfelder [gibt], die hochkommen oder Herausforderungen, die gelöst werden müssen, und da ist Unternehmensengagement eine Möglichkeit" (Interview 2: 62).

Auch der demografische Wandel wird als Grund genannt, weshalb Unternehmen CV-Programme einführen. Inwiefern Uneindeutigkeit eine Rolle für die Strukturangleichung durch Mimese spielt, soll weiter unten, bei der Frage der Institutionalisierung von CV (siehe Kapitel 6.6.1), aufgegriffen und beantwortet werden. Auf eine Sache sollte aber an dieser Stelle hingewiesen werden: Nahezu alle befragten Organisationen gehören – wie bereits erwähnt – zu den frühen Adaptoren von CV und Freiwilligen-Management. Wie in der Theorie dargelegt, imitieren die frühen Adaptoren keine Strukturelemente und Managementpraktiken, sondern führen sie ein, da sie sie als innovative Mittel betrachten, um ihre Legitimität zu steigern. Erst die späteren Adaptoren passen sich diesem Prozess an und imitieren die erfolgreichen Organisationen (vgl. DiMaggio/Powell 1983: 148f). Es ist davon auszugehen, dass Organisationen, die CV-Programme erst kürzlich oder noch gar nicht eingeführt haben, sich an so genannten „Best-Practice-Beispielen" orientieren werden und dass eine Strukturangleichung durch Mimese an Bedeutung gewinnen wird. Dieser Umstand könnte also dafür verantwortlich sein, dass Imitation bei den befragten Organisationen eine eher untergeordnete Rolle spielt. Ein Hinweis für diese Annahme spiegelt sich in der Aussage eines Unternehmens wider, das verstärkt feststellt

> „(...) dass wir auch Anfragen bekommen (...), und die Leute fragen: Wie macht ihr das den" (Interview 8: 40)?

Den weitaus größten Beitrag zur Strukturangleichung leistet der normative Druck. Alle interviewten Organisationen haben bereits CV-Programme ein- und konkrete Projekte durchgeführt. Drei der vier interviewten Unternehmen besitzen eigens für die Organisation von CV-Projekten spezialisierte Abteilungen, die zum Teil mit mehreren Stellen (Freiwilligen-ManagerInnen) besetzt sind. Bei den drei NPOs gibt es keine eigenen Abteilungen, die sich ausschließlich mit CV befassen. Das Thema ist hier u. a. an die „Fachstelle Ehrenamt" angegliedert. Mir gegenüber haben die Interview-PartnerInnen aber bestätigt, dass es in allen Organisationen eine bewusste Entscheidung der NPOs war zu sagen, dass CV einen festen Bestandteil ihrer hauptamtlichen Zeit ausmacht. In Bezug auf die Organisation von CV-Projekten kann hier von ‚Teilzeit-Freiwilligen-ManagerInnen' gesprochen werden. Es sollte hier der Hinweis erfolgen, dass die NPOs und die Mittler den Begriff Freiwilligen-Management viel weiter fassen und dass dieser sich nicht ausschließlich auf das Engagement von und mit Unternehmen bezieht. Für die NPOs bedeutet Freiwilligen-Management auch und vor allem, in

„(...) gemeinnützige und kommunale Organisationen so eine Idee von ‚wie arbeiten wir mit Freiwilligen' hereinzubringen (...), dass es eben eine gute Grundlage dafür gibt, mit Ehrenamtlichen zusammenzuarbeiten" (Interview 1: 18).

Da normativer Druck in einem engen Zusammenhang mit der zunehmenden Professionalisierung und der Bildung von Stellen steht (DiMaggio/Powell 1983: 152) zeigen sich bereits hier erste Merkmale für eine Strukturangleichung. Allerdings sollte an dieser Stelle nicht unberücksichtigt bleiben, dass das soeben entstandene Bild – zumindest in Deutschland – keine Selbstverständlichkeit ist. Die Tatsache, dass alle interviewten Organisationen CV-Programme betreiben und zumindest ‚Teilzeit-Freiwilligen-ManagerInnen' mit der Organisation von CV-Projekten beauftragen, ist darauf zurückzuführen, dass die Auswahl der ExpertInnen speziell unter diesem Gesichtspunkt erfolgte.

Ein weiterer Hinweis auf eine Strukturangleichung durch normativen Druck ist darin zu sehen, dass sieben der insgesamt neun interviewten Organisationen aktive Mitglied in einem oder in mehreren Netzwerken sind. Das Netzwerk von Unternehmen: Partner und Jugend (UPJ) wurde besonders häufig genannt. Aber auch das Bundesnetzwerk Bürgerschaftliches Engagement (BBE) und Vis a Vis Agentur für Kommunikation GmbH finden im Laufe der Interviews mehrfach Erwähnung. Vereinzelt weisen die Befragten auch darauf hin, dass sie Mitglied eines europäischen und sogar internationalen Netzwerks sind, wie bspw. der Engage-Gruppe.[33] Die Interviews zeigen ferner, dass mehrere Interview-PartnerInnen an Gesprächskreisen zu diesem Thema teilnehmen und dass sie mit anderen Organisationen im Austausch stehen. Darüber hinaus berichten einige Interview-PartnerInnen, dass sie bereits an diversen Konferenzen und Workshops

---

[33] Vgl. Homepage Engage: www.engageyouremployees.org [16.04.08].

zum Thema CV teilgenommen haben oder dass das Thema zumindest hin und wieder bei einem Workshop auftaucht. Spannend war die Erkenntnis, dass bereits ein rückläufiger Trend beobachtet wird, denn

> „(…) es gab selbst vom Bundesnetzwerk Bürgerschaftliches Engagement (BBE) eine Arbeitsgruppe zu dem Thema. Die Arbeitsgruppe gibt es aber inzwischen nicht mehr, weil sie irgendwie ein bisschen eingeschlafen ist" (Interview 1: 34).

Das erhobene Material führt zu dem Schluss, dass durch Freiwilligen-ManagerInnen die Grundlage für eine gemeinsame Orientierung und das gemeinsame Selbstverständnis dieser Berufsgruppe entsteht und dass damit einhergehend auch eine Verbreitung normativer Regeln stattfindet (vgl. Walgenbach 2006: 372). Dies trifft vor allem deshalb zu, weil Freiwilligen-ManagerInnen trotz der Vielzahl an Veranstaltungen „(…) dann meistens doch eben die gleichen Menschen [treffen]" (Interview 8: 36). Aus- und Fortbildungsgänge spielten bei den Befragten (noch) keine Rolle. Die Befragung macht deutlich, dass Freiwilligen-ManagerInnen entscheidend zur Theoretisierung von CV beitragen, da sie sich in der Rolle eines Überträgers neuer Strukturelemente und Managementpraktiken befinden und somit einen institutionellen Wandel ermöglichen (vgl. Strang/Meyer 1993: 491f). Dieses Ergebnis kann dadurch bekräftigt werden, dass dieselben sieben Freiwilligen-ManagerInnen ferner berichten, dass sie bereits zu diversen Anlässen mit Fachkompetenz als ReferentInnen angefragt wurden. Auch arbeiten einige von ihnen gemeinsam mit Mittlern und/oder KollegInnen aus anderen Organisationen daran, das Thema in Deutschland weiter zu entwickeln. Sie sind u. a.

> „(…) aktiver Akteur hinter den Kulissen, dass wir so ein Benchmarking-System in Deutschland bekommen" (Interview 3: 58) oder haben „(…) selber mitgearbeitet an einem Qualitätsmanagementsystem für Freiwilligen-Agenturen" (Interview 1: 22).

Eine Darstellung über die Relevanz der in den einzelnen Interviews genannten Isomorphien gibt die nachfolgende mit MaxQDA erstellte Abbildung 12 „Codematrix: Strukturangleichung".

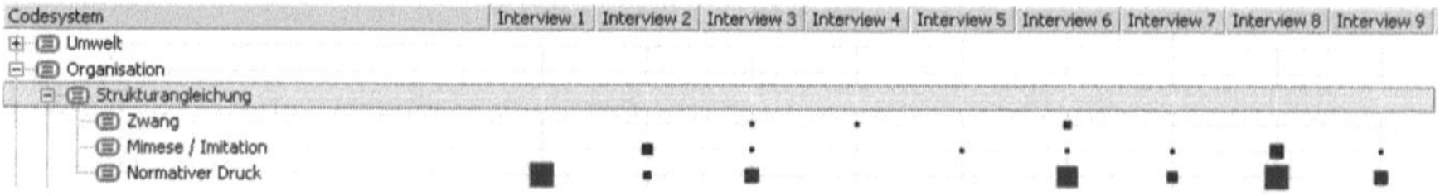

Abbildung 12: Codematrix: Strukturangleichung

6.4 Anpassung der formalen Struktur

Alle neun Interview-PartnerInnen bestätigen, dass sich seit der Einführung von CV innerhalb der Organisation die Strukturen verändert haben bzw. dass neue Strukturen hinzugekommen sind. Nach Meyer und Rowan richten Organisationen Programme, Stellen, Abteilungen und Verfahrensweisen allein in Reaktion auf die Forderungen und Erwartungen wichtiger Anspruchsgruppen ein, für deren Adaption allein der Glaube an die Wirksamkeit und Effizienz, in der für die Organisation relevanten Umwelt, reicht (vgl. Meyer/Rowan 1977: 344). Acht der neun Interview-PartnerInnen bestätigen, dass sie konkrete CV-Projekte organisieren. Lediglich ein Mittler führt keine CV-Aktivitäten im eigentlichen Sinne durch, trägt aber durch Ausbildungsgänge zum/zur Freiwilligen-ManagerIn und einem Corporate-Citizenship-Partnerschaften-Ausbildungsgang zur Professionalisierung des Themas bei. Insbesondere der Ausbildungsgang „Corporate Citizenship Partnerschaften", der vor zwei Jahren erstmals durchgeführt wurde, spiegelt die wachsende Bedeutung des Themas wider. Der Ausbildungsgang kann somit als neues Programm betrachtet werden, welches im Zuge der Diskussion um CV eingeführt wurde und zur Anpassung der formalen Struktur beiträgt. Somit haben alle neun befragten Organisationen neue Programme innerhalb ihrer Organisation eingeführt.

Auch Abteilungen und Stellen haben sich etabliert. Drei der insgesamt vier interviewten Unternehmen haben seit ca. drei oder vier Jahren spezielle Abteilungen eingerichtet, die sich um das gesellschaftliche Engagement des Unternehmens kümmern und folgende Bezeichnungen tragen: Corporate Social Responsibility, Corporate Responsibilities und Community Enagement. Darüber hinaus existieren in diesen Unternehmen zum Teil auch mehrere Vollzeit-Stellen, deren genaue Bezeichnungen lauten: Head of Corporate Volunteering, Manager Corporate Responsibility und CSR und Pro Bono Koordinatorin. Eines dieser beiden Unternehmen berichtet, dass man vor vier Jahren mit einer Vollzeitstelle angefangen hat und seit Beginn des Jahres eine weitere Person einstellen musste „(...) weil eben die Programme immer weiter ausgeweitet wurden (...)" (Interview 7: 6). Zusätzlich denkt man in diesem Unternehmen gerade darüber nach

> „(...) eine weitere Person einzustellen, die sich konkret um den Umweltbereich kümmern wird und da auch intern die Umweltaspekte aufgreift und dann verschiedene Projekte eben umsetzt" (Interview 7: 32).

Im vierten Unternehmen ist das CV-Programm an die „Fachstelle Führungskräfteentwicklung" angegliedert. Hier kann also weder von einer eigenen Abteilung noch von einer eigenen Stelle gesprochen werden. Dieser Umstand vermag eine Erklärung dafür zu sein, warum dieses Unternehmen in noch keinem Netzwerk

Mitglied ist und weshalb ihm auch keine Netzwerke bekannt sind. Neben den Freiwilligen-ManagerInnen haben einige Unternehmen das Thema auch in der Führungs- bzw. Managementeben verankert. Der Bereich wurde dort bspw. „(...) im Oktober 2007 auch mit einem Vorstand besetzt (...), um da auch zu zeigen, wie wichtig uns das Thema ist" (Interview 7: 4). Auch die Literatur hat bereits darauf hingewiesen, dass Freiwilligen-ManagerInnen trotz ihrer besonderen Rolle nicht die einzigen Ansprechpersonen für Freiwillige darstellen sollten und dass es einer Einbindung in ein internes Netzwerk bestehend aus Vorstand und Geschäftsführung bedarf (vgl. Kegel 2002: 94).

Die interviewten NPOs haben zwar keine Vollzeit-Stellen, die sich ausschließlich um CV kümmern, doch haben mir gegenüber alle drei bestätigt, dass es eine bewusste Entscheidung der Organisation war zu sagen „(...) wir investieren einen Teil hauptamtlicher Arbeitszeit in die Koordination von CV" (Interview 2: 19). Diese Entscheidung entstand „(...) mit der ersten Anfrage, quasi aus der Notwendigkeit, aus dem Bedarf" (Interview 2: 6). Somit bestätigen zumindest die NPOs die neoinstitutionalistische Organisationstheorie, denn hier wurden Stellen aufgrund von Erwartungen, die an die Organisation herangetragen wurden, eingerichtet. Dies hat auch ein Mittler bestätigt, der in ähnlicher Weise argumentiert.

Neben Programmen, Stellen und Abteilungen geben die Interviews noch weitere Hinweise auf eine Anpassung der formalen Struktur. In zwei Unternehmen gibt es seit der Etablierung von CV eine offen kommunizierte, bezahlte Freistellung für die MitarbeiterInnen. Diese können sich einen oder zwei Tage im Jahr während der Arbeitszeit in sozialen Projekten engagieren. Die beiden anderen Unternehmen befinden sich gerade im Prozess, diese bezahlte Freistellung zu etablieren. Dabei ist die Freistellungsregelung eines Unternehmens besonders interessant, das berichtet:

> „Es ist noch nicht ganz klar ob 3½ oder 4 Stunden [pro Monat], wir sind noch in Abstimmung, aber man kann sagen ‚round about' ½ Tag. Das wird auch in Kürze kommuniziert werden und die Mitarbeiter (...) werden freigestellt sowohl für ehrenamtliche Tätigkeiten, die sie schon betreiben, (...) aber wir wollen auch den Mitarbeitern Gelegenheit geben, die sich eben noch nicht ehrenamtlich engagieren, und denen Programme anbieten" (Interview 7: 32).

Das vierte Unternehmen hat über diese Freistellungsregelung hinaus noch weitere Programme, in denen MitarbeiterInnen sich bis zu drei Monate bezahlt freistellen lassen können, um diverse unentgeltlichen Beratungsleistungen zu tätigen, die aber teilweise wieder gekürzt worden sind. So haben in diesem Unternehmen „(...) alle MBA Graduates (...) die letzten zwei Jahre zwei Wochen pro bono Consulting gemacht. Dieses Jahr haben sie es uns leider gekürzt auf eine Woche" (Interview 3: 44).

Eine weitere Anpassung der formalen Struktur, die sich aus den Interviews ergibt, ist die Einrichtung eines Budgets. Auch hier sind es die Unternehmen, die diese Maßnahme ergreifen. Drei der vier interviewten Unternehmen erklären, dass ein eigenes Budget für CV-Programme innerhalb des Unternehmens existiert, welches im Laufe der Jahre sogar aufgestockt wurde. Das Budget dient einerseits zur Finanzierung der Projekte und Stellen. Andererseits wird das Budget auch für Spenden in Anspruch genommen. Einen Überblick über die in den Interviews getroffenen Aussagen gibt die nachfolgende mit MaxQDA erstellte Abbildung 13 „Codematrix: Anpassung der formalen Struktur".

Codesystem	Interview 1	Interview 2	Interview 3	Interview 4	Interview 5	Interview 6	Interview 7	Interview 8	Interview 9
⊞ Umwelt									
⊟ Organisation									
⊞ Strukturangleichung									
⊟ Anpassung der formalen Struktur				•				•	
⊞ Budget							•		•
⊞ Freistellung der Mitarbeiter					•				
⊞ Programme							•		•
⊞ Stellen / Abteilungen	•	•	•	•	•		•	•	•

Abbildung 13: Codematrix: Anpassung der formalen Struktur

6.5 Konflikte

Ausgehend von dem was Meyer und Rowan in ihrer Arbeit beschreiben, können Organisationen durch die Übernahme neuer Strukturelemente oder Managementpraktiken insbesondere dann in Konflikte geraten, wenn widersprüchliche Anforderungen an die Organisationen herangetragen werden (vgl. Meyer/Rowan 1977: 355). Auf die Frage hin, mit welchen Problemen sich die interviewten Organisationen konfrontiert sehen, seitdem sie CV-Programme eingeführt haben, erstaunt vor allem der Umstand, dass alle Neun hierauf zunächst keine Antwort wissen. Erst nach einer Zeit des Schweigens oder auf konkrete Nachfrage sind nach und nach auch Probleme zum Vorschein getreten. Allerdings sind die meisten Probleme, die genannt werden, eher als eine Erwartung formuliert. Häufig fügen die Interviewten vor oder nach der Beschreibung eines Problems Sätze hinzu wie:

> „Also ich kann mir zwei Dinge vorstellen, die kritisch werden könnten, aber ich kann nicht sagen, dass das jetzt schon Probleme sind" (Interview 5: 70) oder „Wir haben ganz wenige Beispiele, wo das wirklich schwierig wird" (Interview 3: 28).

Als Grund für die wenigen Probleme, die die Organisationen im Umgang miteinander haben, stellt sich das Bewusstsein für die verschiedenen Problematiken, die bei solchen Projekten auftreten können, als zentral heraus. Es ist zu vermuten, dass die an der Organisation der Projekte beteiligten Freiwilligen-ManagerInnen einen wesentlich Beitrag dazu leisten, Probleme von vornherein auszuräumen. So machen sich die Verantwortlichen aus Unternehmen bspw. Gedanken um denn Sinn und die Nützlichkeit der Projekte für die NPOs. Dies bestätigt folgende Aussage:

> „Ich möchte auch vermeiden, dass wir da Leute hinschicken, die dann da den Job eigentlich stören (…), dass wir nicht quasi als Touristen irgendwo hingehen" (Interview 5: 70).

Auf diese Problematik haben auch die NPOs hingewiesen, die die Wahl geeigneter Projektpartner als Schwierigkeit darstellen, denn für sie ist es wichtig zu prüfen, „(…) inwieweit sind Anfragen seriös. Inwieweit wollen wir mit bestimmten Unternehmen zusammenarbeiten" (Interview 9: 66). Auf diesen Konflikt weist auch ein Mittler hin, der sagt:

> „(…), aber es gibt natürlich so Dinge, dass sich NPOs damit schwer tun mit bestimmten Organisationen was gemeinsam zu machen, insbesondere im Umweltbereich oder so, wo (…) die Natur und Umweltschutzorganisation, eher Abstand nehmen von der Wirtschaft (…). Ein Ölmulti und eine Umweltorganisation, die haben's halt schwer miteinander" (Interview 6: 38).

In diesem Zusammenhang sehen die NPOs und die Mittler es auch als problematisch, wenn Unternehmen sich zwar engagieren möchten, es dort aber keine konkrete Ansprechperson gibt, oder die Personen, die die Projekte organisieren, „(…) nicht richtig qualifiziert sind dafür, nicht kontinuierlich dran bleiben an dem Thema CV (…)" (Interview 6: 36). Interessanterweise sind die von Unternehmen am häufigsten genannten Probleme organisationsinterne Konflikte und nicht solche, die von wichtigen Anspruchsgruppen an sie herangetragen werden, wie in der Theorie angenommen. Dabei werden einerseits die hohen Kosten angesprochen, die entstehen, wenn MitarbeiterInnen für die Teilnahme an sozialen Projekten freigestellt werden, und andererseits die Befürchtung, dass man die MitarbeiterInnen durch solche Projekte zeitlich überfordert, da sie ohnehin durch die vielen, zum Teil auch sehr kurzfristigen Termine der Kunden und Mandanten sehr stark eingebunden sind.

Es werden im Verlauf der Interviews sowohl von Unternehmen als auch von NPOs auch Kommunikationsschwierigkeiten angesprochen sowie das Unverständnis für die Struktur des jeweiligen Projektpartners. So erzählt bspw. ein(e) Interview-PartnerIn,

> „(…) dass die Wirtschaft manchmal nicht versteht, dass so eine NPO nicht unbedingt so von heut' auf morgen etwas umsetzt, weil unter Umständen erst die Vereinsmitglieder noch einmal gefragt werden müssen in einer Vollversammlung oder was halt immer. Da sind halt die Prozesse langsamer" (Interview 6: 20).

6.6 Legitimitätsstiftende Faktoren

Erste Hinweise, dass Organisationen durch CV-Programme Legitimität gewinnen können, zeigt zum einen die Darstellung in Kapitel 6.2, dass ein gemeinsames organisationales Feld entsteht, und zum anderen die in Kapitel 6.3 beschriebene Strukturangleichung von Organisationen in diesem Feld. Indem Unternehmen, Mittler und NPOs sich durch CV-Projekte aneinander orientieren und aufeinander bezogene Aktivitäten entfalten, reduzieren sich deren Unterschiede, weshalb sie sich immer weiter angleichen. Diese Ähnlichkeiten tragen dann dazu bei, dass die an CV-Programmen beteiligten Organisationen leichter Beziehungen zueinander aufbauen und aufrechterhalten können. Sie erhalten Legitimität von der relevanten Umwelt zugesprochen, weil sie legitimierte Strukturelemente und Verfahren benutzen (vgl. DiMaggio/Powell 1983: 148).

Suchman geht davon aus, dass Legitimitätsgewinnung insofern problematisch ist, da jede Neuheit zunächst mit Akzeptanzproblemen zu kämpfen hat, weshalb jede Organisation, die um Legitimität wirbt, sich dieser Herausforderung stellen muss (vgl. Hellmann 2006: 82ff). Einige Interviews haben diese anfänglichen Akzeptanzprobleme bestätigt. So wurde u. a. von einem Unternehmen geäußert, dass man die Partner, also die Inhaber des Unternehmens, davon überzeugen musste,

> „(...) dass CV eine gute Sache ist und dass das auch Vorteile (...) hat. Das ist sicherlich schwierig gewesen, besonders am Anfang" (Interview 8: 74).

Die Interviews liefern keine konkreten Hinweise, wie die befragten Organisationen mit diesen anfänglichen Akzeptanzproblemen umgehen. Es können diesbezüglich lediglich Vermutungen angestellt werden. Die Lösungsstrategie der Konformität kann jedoch ausgeschlossen werden, weil aus den Interviews hervorging, dass keine Erwartungen offizieller Natur an Organisationen herangetragen werden. Da in Bezug auf CV vor allem den Erwartungen von Unternehmen, Kunden und Mandanten Aufmerksamkeit geschenkt wird (siehe Kapitel 6.1), ist davon auszugehen, dass die Lösungsstrategie der Selektion eine weit größere Rolle spielt, dass also Organisationen vor allem die Erwartungen erfüllen, von denen sie sich eine hohe Unterstützung versprechen. Indem es sich hier um die frühen Adaptoren von CV und Freiwilligen-Management handelt, scheint die Lösungsstrategie der Manipulation die plausibelste Erklärung zu sein. Schließlich bestätigen die Interviews, dass die befragten Organisationen – insbesondere die Unternehmen – sich nicht ausschließlich auf vorhandene Erwartungsstrukturen konzentrieren, sondern dass die Einführung dieser neuen Programme und Managementstrukturen in der Hoffnung erfolgt, die Umwelt für sich zu gewinnen.

Auch auf die Frage, was die Organisationen mit der ihnen zugeschriebenen Legitimität erreichen wollen, lassen sich anhand des erhobenen Materials lediglich Vermutungen anstellen, die darauf hinweisen, dass Organisationen, die CV-Programme einführen, die Legitimität dazu nutzen, um mehr Stabilität und/oder Sinnhaftigkeit zu erlangen. Dies kann insbesondere dort erreicht werden, wo Freiwilligen-ManagerInnen eingestellt sind, da sie der relevanten Umwelt neben Vertrauen auch Ernsthaftigkeit vermitteln, was für die Zusammenarbeit und den damit einhergehenden Ressourcenfluss von großer Bedeutung ist, wie in Kapitel 6.6.2 ausführlich dargestellt werden wird. Organisationen können die Legitimität aber auch dazu nutzen, um sich als besonders wichtig und wertvoll zu inszenieren. Schließlich erwähnt der eine oder die andere Interview-PartnerIn, dass CV als Mittel der Differenzierung von anderen Unternehmen angesehen wird. Hinweise darauf, dass Organisationen CV nutzen, um ihre Existenz zu rechtfertigen, geben die Interviews nicht. Dies könnte auch damit in Zusammenhang stehen, dass ausschließlich große, teils international tätige Unternehmen und große NPOs befragt wurden, die bereits eine gefestigte Stellung auf dem Markt haben, weshalb sie ihre Existenz nicht zu rechtfertigen brauchen.

6.6.1 Institutionalisierung

Um eine Aussage über den Grad der Institutionalisierung von CV zu treffen, werden nachfolgend

> „die Rate der Übernahme einer Praktik, die nachlassende Vorhersagekraft spezifischer Charakteristika sowie die steigende Konformität, mit der ein Konzept oder eine Praktik übernommen wird, (...) als Indikatoren dafür genommen, dass eine bestimmte soziale Form oder Praktik institutionellen Status erlangt hat" (Walgenbach/Meyer 2008: 96).

Entgegen der in Kapitel 4.3 getroffenen Annahme, dass CV derzeit semi-institutionalisiert ist, muss nach Auswertung der geführten Interviews festgestellt werden, dass eher davon ausgehen muss, dass CV sich in einer Art Vorstadium befindet, dass CV also (noch) pre-institutionalisiert ist (vgl. Walgenbach 2002: 178). Darauf deutet vor allem die Tatsache hin, dass die Entwicklung von CV in den befragten Organisationen noch weitestgehend unabhängig voneinander verläuft, dass also Imitation eine noch untergeordnete Rolle spielt, wie bereits in Kapitel 6.2 beschrieben. Obwohl den Organisationen bei der Etablierung von CV bewusst war, dass auch Andere fast zeitgleich Programme entwickelt haben, wurde davon abgesehen, sich gegenseitig zu unterstützen oder zu beraten. Zwar bestätigen die Interview-PartnerInnen, dass sie die Entwicklung der anderen Organisationen mitverfolgt haben und dass man sich informiert hat, doch schien es ihnen wichtig zu betonen, dass keine bestimmte Organisation und kein bestimmtes Projekt imitiert wurde. Diese Tatsache könnte dem Umstand geschuldet sein, dass einerseits nur große Unternehmen und große NPOs befragt wurden, die sich nach den Ergebnissen einer Befragung wesentlich proaktiver zeigen und auf dem Gebiet des gesellschaftlichen Engagements als Vorreiter agieren wollen, indem sie versuchen, Trends und Standards zu setzen (vgl. Backhaus-Maul/Braun 2007: 11). Andererseits könnte es auch damit zu tun haben – wie bereits weiter oben ausgeführt –, dass die befragten Organisationen zu den frühen Adaptoren von CV gehören und von dem Gedanken geleitet werden, innovative Programme zu etablieren, um ihre Präsenz zu verbessern und ihre Umwelt zu dominieren (vgl. DiMaggio/Powell 1983: 148f).

Ferner ging aus den Interviews hervor, dass die spezifischen Charakteristika, also die Merkmale der Organisationen, die CV-Programme bereits eingeführt haben, noch relativ homogen sind. Zwar mag auch dies der Tatsache geschuldet sein, dass ausschließlich große, teils internationale Unternehmen interviewt wurden, doch haben auch die NPOs bestätigt, dass es eher die großen Unternehmen sind, die CV-Projekte durchführen. Sie erwähnen, dass

> „(...) gerade im letzten Jahr etliche Projekte mit größeren Firmen durchgeführt [wurden]" (Interview 9: 2) und dass „(...) viele aus dem Banken- und Dienstleistungsbereich mit uns zusammenarbeiten. Es sind einige kleinere und mittelständische Unternehmen dabei, aber das ist jetzt nicht so die große Masse. Mehr so die größeren Unternehmen, ab 500 Mitarbeitern" (Interview 2: 25).

Die Tatsache, dass noch kein allgemeiner Konsens über Wert und Nutzen herrscht, trägt als dritter Indikator zu der Annahme bei, dass CV derzeit preinstitutionalisiert ist. Die Interview-PartnerInnen weisen einerseits darauf hin, dass es schwierig ist, die Imagewirkung von CV zu messen, dass man also nicht sicher sagen kann, ob CV-Programme der Organisation tatsächlich zu einem besseren Image verhelfen. Andererseits wird bezweifelt, ob CV tatsächlich zu einer Win-Win-Situation beitragen kann und ob es wirklich ausschlaggebend für die Mitarbeiterbindung ist, wie häufig in der Literatur beschrieben (vgl. Schöffmann 2001c: 97ff). Auch ging ein(e) Interview-PartnerIn davon aus, „(...) dass die Bevölkerung sicherlich skeptisch ist noch im Großen und Ganzen, weil Unternehmen sind halt immer erst einmal böse, profitgierig" (Interview 8: 88). Ein allgemeiner Konsens über Wert und Nutzen existiert zumindest zu diesem Zeitpunkt noch nicht. Allerdings scheint sich bereits ein Wandel abzuzeichnen, denn es wird auch angemerkt, dass

> „(...) sich viel getan [hat]. Die Menschen sind offener geworden. Empfinden es als normal und auch richtig und gut und es steht weder intern noch extern in der Kritik wie früher" (Interview 8: 46).

Die geführten Interviews können somit bestätigen, dass es noch keine gesellschaftlich geteilte Vorstellung gibt, dass CV und Freiwilligen-Management zu einer bestimmten Organisation dazugehören. Diese Programme und Managementpraktiken werden also weiter hinterfragt und gelten (noch) nicht als gegeben. Allerdings weist Walgenbach darauf hin, dass es keine notwendige Voraussetzung ist, dass die gesamte Gesellschaft mit diesen Denkmustern übereinstimmen muss, da einer Organisation Legitimität immer nur von einer Teilöffentlichkeit zugesprochen wird (vgl. Walgenbach 2006: 63). Diese Teilöffentlichkeit scheint sich in Bezug auf CV und Freiwilligen-Management derzeit vornehmlich auf Unternehmen zu konzentrieren, wie in Kapteil 6.1 dargestellt. Damit bestätigt sich hier erneut die mikroinstitutionalistische Perspektive Zuckers. CV wird nur in einem organisationalen Kontext als Institution verstanden.

Der Umstand, dass noch kein allgemeiner Konsens über Wert und Nutzen besteht, kann sich für die Verbreitung von CV und Freiwilligen-Management auch nützlich erweisen. Uneindeutigkeit spielt nämlich für die Strukturanpassung durch Mimese eine wichtige Rolle. Schließlich geht die neoinstitutionalistische Organisationstheorie davon aus, dass Programme und Managementpraktiken kopiert werden solange nicht klar ist, ob sie sich positiv auf die Legitimität einer Organisation auswirken (vgl. Walgenbach 2006: 370f). Eine Antwort darauf, ob dem tatsächlich so ist, vermag diese Untersuchung abschließend nicht zu geben, da ausschließlich die frühen Adaptoren befragt wurden. Um diese Annahme zu bestätigen, müsste eine Befragung mit Organisationen durchgeführt werden, die CV und Freiwilligen-Management erst kürzlich oder noch gar nicht eingeführt haben. Dies herauszufinden muss aber weiteren Forschungsvorhaben überlassen bleiben.

6.6.2 Einstellen von ExpertInnen

Die theoretischen Überlegungen des NI, dass das Einstellen von ExpertInnen dazu beiträgt, dass einer Organisation Legitimität zugesprochen wird (vgl. Walgenbach/Meyer 2008: 31), in Verbindung mit der bereits in Kapitel 4.4 getroffene Annahme, dass CV nur dann zu einem Legitimitätsgewinn führt, wenn es glaubwürdig durch professionelle Freiwilligen-ManagerInnen organisiert wird, kann sich durch die geführten Interviews bestätigen. Alle neun interviewten Organisationen sagen übereinstimmend, dass Freiwilligen-ManagerInnen im hohen Maße die Kommunikation zwischen Unternehmen und NPOs fördern und unterstützen. Darüber hinaus bestätigen die Interview-PartnerInnen die bereits in Kapitel 2.3.2 theoretisch beschriebene Mittler-Funktion von Freiwilligen-ManagerInnen und nennen diese als eine ihrer zentralen Aufgaben. Weitere Vorteile und den konkreten Nutzen ihrer Stelle sehen sie darin, dass

> „(...) man (...) jemanden haben [muss], der wirklich zentrale Ansprechperson ist, der Dinge nachhält, der Recherchearbeiten übernimmt, bei dem die Fäden zusammenlaufen. Das gibt den Leuten ein Gefühl der Sicherheit und auch ein Gefühl der Unterstützung und vor allem auch der Anerkennung" (Interview 8: 22).

Im Verlauf der Interviews wird auch einige Male auf die Notwendigkeit der Qualitätssicherung hingewiesen. Diese wird von den Interview-PartnerInnen als Kriterium für erfolgreiche Projekte angesehen. Indem Freiwilligen-ManagerInnen Informationen gezielt steuern und mit den jeweiligen Partnern klären, welche Aufgaben für die Freiwilligen möglich sind und wo man sie gut und sinnvoll einsetzen kann, schaffen sie die Rahmenbedingungen für eine Win-Win-Situation. Durch die Stelle und die damit einhergehenden Aufgaben ist es einer Organisation möglich, ein Vertrauensverhältnis aufzubauen. Die Interview-PartnerInnen weisen darauf hin, dass Vertrauen auch zu Effizienz beitragen kann, wie nachfolgende Aussage verdeutlicht:

> „Wenn sie ein Vertrauensverhältnis aufgebaut haben zu Schlüsselpersonen, wo Handschlag genügt, keine Verträge mehr notwendig sind und so, dann erspart das so viel Arbeit und Wege" (Interview 3: 30).

Die Stelle ermöglicht somit erfolgreiche Kooperationen, denn erst durch eine langjährige Zusammenarbeit können sich beide Seiten öffnen, Vertrauen zueinander aufbauen und darüber hinaus die Ernsthaftigkeit, mit der die Projekte durchgeführt werden, vermitteln. Es wird darauf hingewiesen, dass CV unglaubwürdig wird, wenn man es auf der Organisationsebene Freiwilligen überlässt, und dass man CV „(...) aus der internen Organisationslogik heraus (...) nur mit Stellenunterfütterung machen [kann]" (Interview 3: 20). Das Einstellen von ExpertInnen wird für die Legitimität einer Organisation als Notwendigkeit angesehen, damit deutlich wird

> „(...) dass beide Seiten ein Interesse daran haben, dass es gut läuft, und auch (...) dass das Unternehmen eben nicht nur in dem Bereich aktiv wird, um sich ein positives Image zu verschaffen, sondern es vermittelt auch so eine gewisse Ernsthaftigkeit, wenn es Ansprechpartner in der Organisation gibt, die dann auch mitgestalten" (Interview 9: 80).

Die mikroinstitutionalistische Perspektive von Zucker geht ferner davon aus, dass Positionen und Stellen in hohem Maße dazu beitragen, dass Situationen in einem organisationalen Kontext verstanden werden da Handlungen von StelleninhaberInnen generell als institutionalisiert angesehen werden (vgl. Walgenbach/Meyer 2008: 43). Unter diesem Aspekt tragen Freiwilligen-ManagerInnen zu einer weiteren Institutionalisierung des Themas bei.

An diese Stelle erfolgt erneut der Hinweis, dass nahezu alle Interviews mit Voll- oder zumindest Teilzeit-Freiwilligen-ManagerInnen geführt wurden. Es muss also davon ausgegangen werden, dass ihre Argumentation in Bezug auf die Bedeutung und die Notwendigkeit der Stelle sehr stark damit zusammenhängt, dass sie ihre eigene Stelle zu rechtfertigen versuchen. Da Freiwilligen-ManagerInnen als theoretisierende Personen bezeichnet werden können, ist es ihnen möglich – u. a. durch solche Arbeiten wie die hier vorliegende – die Legitimation für ihre Stelle selbst zu schaffen (vgl. Walgenbach/Meyer 2008: 100f). Es wäre somit interessant herauszufinden, ob Organisationen, die zwar CV betreiben, aber keine Stelle zur Umsetzung eingerichtet haben, in ähnlicher Weise argumentieren. Leider war es im Rahmen dieser Arbeit nicht möglich, dies herauszufinden, da es einerseits explizit darum ging, Menschen in solchen Positionen zu befragen, und es andererseits sehr schwierig ist, solche Organisationen ausfindig zu machen, da sie ihr Engagement nicht in dem Umfang transparent machen wie Organisationen die diese Stellen besetzen. Eine Übersicht über die Vorteile und den Nutzen, den die Interview-PartnerInnen in der Stelle einer Freiwilligen-Managerin bzw. eines Freiwilligen-Managers sehen, bietet die nachfolgende Abbildung 14 „Codematrix: Stellen/Abteilungen".

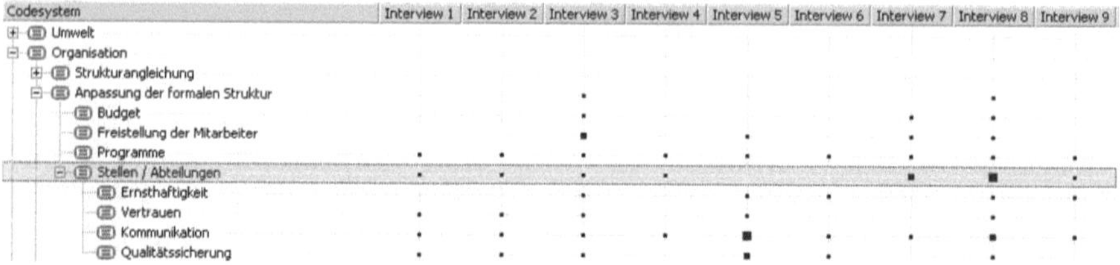

Abbildung 14: Codematrix: Stellen/Abteilungen

6.6.3 Integration in die Unternehmensstrategie

Meyer und Rowan sprechen in ihrer Arbeit davon, dass Organisationen durch die Abhängigkeit von der institutionellen Umwelt mit teils inkongruenten Legitimitätsanforderungen kämpfen müssen. Zur Lösung dieses Konflikts empfehlen sie u. a. eine Entkopplung, also eine Trennung der nach außen hin sichtbaren Formalstruktur von der nach innen hin sichtbaren Aktivitätsstruktur (vgl. Hasse/Krücken 1999: 14f). Da auch VertreterInnen des NI die Möglichkeit einer Entkopplung – zumindest langfristig – nicht für gegeben halten (vgl. Walgenbach/Meyer 2008: 82), erscheint es notwendig, dass sich Aktivitäts- und Formalstruktur angleichen. Dazu bedarf es einer Integration in die Unternehmensstrategie, die einer Organisation Akzeptanz und Glaubwürdigkeit sichert und somit wesentlich zur Gewinnung oder zumindest zur Erhaltung der Legitimität beiträgt.

Insgesamt sieben Interview-PartnerInnen weisen im Verlauf der Interviews darauf hin, dass CV als fester Bestandteil der Unternehmensstrategie angesehen wird, wie es bspw. auch im Grünbuch der Europäischen Kommission angeregt wird (vgl. Europäische Kommission 2001: 18). Dabei sprechen sie insbesondere eine strategische Verankerung des Themas mit den Leitlinien und den Werten der Organisation. Ein(e) Interview-PartnerIn erzählt:

> „Wir haben das Thema CSR auch in unseren Werten verankert. Einer unserer Werte heißt ‚We are committed to our Community' und d. h., durch die Volunteering Programme wollen wir diesen Wert eben auch mit Leben füllen, indem wir verschiedene Programme anbieten, und ein wichtiger Aspekt ist dabei eben auch, unsere Mitarbeiter zu involvieren" (Interview 7: 4).

Als Begründung, warum CV in den jeweiligen Organisationen in die Unternehmensstrategie integriert wird, nennen die Interview-PartnerInnen durchgängig Akzeptanz- und Glaubwürdigkeitsaspekte, die sich sowohl inner- als auch außerhalb der Organisation bemerkbar machen. Die Notwendigkeit einer Integration in die Unternehmensstrategie ist für ein(e) Interview-PartnerIn deshalb wichtig, weil davon ausgegangen wird, dass

> „jedes Thema (...) an Akzeptanz [gewinnt], wenn es in der Struktur einer Organisation verankert ist und einen Platz hat" (Interview 4: 56).

Interessant ist vor allem die Erkenntnis, dass eine Entkopplung – wie von Meyer und Rowan vorgeschlagen – bei den interviewten Organisationen gar nicht notwendig erscheint, da im Verlauf der Interviews sich nicht bestätigen konnte, dass widersprüchliche Anforderungen an die Organisationen herangetragen werden wie in Kapitel 6.5 ausgeführt. Die Unternehmen sprechen im Gegenteil sogar davon, dass Anspruchsgruppen, wie Kunden oder Mandanten, es sogar erwarten, dass sich Unternehmen gesellschaftlich engagieren, wie in Kapitel 6.1 dargelegt. Interessant ist in diesem Zusammenhang auch die Aussage eines Unternehmens, das sagt:

> „Mittlerweile ist es, denke ich so, dass man eher begründen und rechtfertigen muss, warum man überhaupt kein CV in irgendeiner Form betreibt, als wenn man es betreibt" (Interview 8: 12).

In Anbetracht der Tatsache, dass die interviewten Organisationen CV in die formale Struktur ihrer Organisation integrieren und es darüber hinaus auch Teil ihrer Unternehmensstrategie ist, kann davon ausgegangen werden, dass zumindest bei diesen Organisationen CV eine strategische Investition zur Erhöhung der eigenen Organisationslegitimität darstellt. Hinweise, dass Organisationen versuchen, moralische Anforderungen zu erfüllen oder sinn- bzw. ordnungsstiftend zu wirken, ergeben sich aus den geführten Interviews keine. Deshalb kann an dieser Stelle davon gesprochen werden, dass Organisationen sich eine pragmatische Legitimität (vgl. Suchman 1995: 578ff) durch CV erhoffen.

6.7 Ressourcenfluss

Sowohl die interviewten Unternehmen als auch die NPOs bestätigen, dass die Einführung von CV zu einem Ressourcenfluss für die jeweilige Organisation führt. Die neoinstitutionalistische Organisationstheorie geht davon aus, dass der überlebenswichtige Ressourcenfluss einer Organisation durch die Übernahme institutioneller Strukturelemente und Managementpraktiken gesichert wird. Indem sie dies tun, zeigen sie sich mit den Erwartungen ihrer Umwelt konform, weshalb ihnen Legitimität zugesprochen wird (vgl. Walgenbach/Meyer 2008: 26). Ressourcenfluss kann somit als Folge von Legitimität angesehen werden und bietet damit die Möglichkeit die konkreten Legitimitätswirkungen von CV-Programmen aufzuzeigen.

Die in der Literatur hervorgehobenen positiven Impulse, die CV-Programme Unternehmen bringen – dass sie ein besseres Image bei den Kunden schaffen, dass sie Sozial- und Führungskompetenzen der MitarbeiterInnen fördern und dass sie das Ansehen des Unternehmens auf dem Personalmarkt verbessern (vgl. Schöffmann 2001c: 97ff) –, können durch die geführten Interviews bestätigt werden. CV trägt, so die interviewten Unternehmen, dazu bei, dass die MitarbeiterInnen stolz auf das Unternehmen sind, was ihrer Meinung nach eine Bindung an das Unternehmen zur Folge hat. Darüber hinaus wird CV auch als geeignete Qualifizierungsmaßnahme für die MitarbeiterInnen angesehen. Teilweise sind solche Programme bereits ein fester Bestandteil in Entwicklungsprogrammen für Trainees. Drei der befragten Unternehmen gehen davon aus, dass CV dazu beiträgt

> „(...) gerade im Sinne des demografischen Wandels auch guten Nachwuchs zu finden oder guten Nachwuchs zu rekrutieren" (Interview 7: 12).

CV wird aber auch als Mittel der Differenzierung angesehen. Gerade die großen Wirtschaftsunternehmen erkennen, dass dort, wo die Arbeit recht gleich ist, CV eine Möglichkeit schafft, sich von Anderen abzugrenzen und hervorzuheben. Ein weiteres Indiz dafür, dass CV zu einem Ressourcenfluss in Unternehmen beiträgt, ist der Hinweis darauf, dass

> „Volunteering (...) eine Möglichkeit [ist], mit gesellschaftlichen Gruppen in Kontakt zu kommen, die wir sonst nicht als Kunden haben, die aber trotzdem relevant sind" (Interview 3: 10).

Ein Unternehmen weist darüber hinaus auf den Umstand hin, dass CV dazu beitragen kann, sich ein besseres Ansehen zu verschaffen, denn Unternehmen haben zwar „(...) hohe Kompetenzzuschreibung als Organisation, [aber] niedrige Sympathiewerte. Und Volunteering schafft immer Sympathie" (Interview 3: 10). Es ist allerdings fraglich, ob diese positiven Impulse tatsächlich eintreten oder ob sie von den Interview-PartnerInnen nur deshalb genannt werden, weil sie sich als Theoretisierende mit der einschlägigen Literatur beschäftigen, in der genau diese Aspekte hervorgehoben werden. Schließlich wird lediglich der Aspekt, dass CV das Ansehen auf dem Personalmarkt verbessert, von allen vier Unternehmen genannt. Bei allen weiteren Aspekten äußert mindestens ein Unternehmen Zweifel, ob dem tatsächlich so ist, wie anhand des noch fehlenden Konsenses über Wert und Nutzen in Kapitel 6.6.1 gezeigt werden konnte. Auch die drei interviewten NPOs erkennen, dass CV ihrer Organisation Vorteile bringt:

> „Einmal die ganz materiellen Vorteile. Denn mit jedem Engagement verbessert sich eine materielle Lage. Also sei es in der Einrichtung oder halt auch für die Klienten der Einrichtung. Es werden oft Sachen möglich, die unter den Etats oder unter den Bedingungen (...) selber nicht möglich sind" (Interview 4: 44).

Allerdings gehen CV-Aktivitäten, wie in Kapitel 3.1 beschrieben, über reine Geldspenden („Corporate Giving") hinaus. Es soll aber an dieser Stelle der Hinweis erfolgen, dass Geld durchaus eine Rolle für die NPOs spielt, denn durch CV können „(...) bestimmte Projekte durchgeführt werden, die ansonsten nicht durchgeführt werden würden" (Interview 9: 50). Die NPOs erkennen aber auch die konkreten Vorteile, die durch aktives Engagement entstehen, weil

> „(...) die Mitarbeiter aus den Unternehmen sehr engagiert sind, hoch motiviert sind sich in solche Projekte einzubringen mit allem, was sie haben" (Interview 2: 2).

Darüber hinaus gewinnen die NPOs über dieses eher kurzfristige projektbezogene Engagement von UnternehmensmitarbeiterInnen auch neue Freiwillige in den jeweiligen Einrichtungen. Es wird erwähnt,

> „(...) dass der eine oder andere Mitarbeiter einer Firma dann nach dieser Eintagsaktion in unregelmäßigen oder regelmäßigen Abständen wieder in der Einrichtung auftaucht und ein soziales Ehrenamt dort durchführt" (Interview 4: 28).

Im Anschluss an solche Projekte kann es zu weiteren Ressourcenflüssen für die NPOs kommen: „Es findet ein richtiger Austausch danach statt. Freundschaft entsteht und auch ganz konkrete Unterstützung. Sachspenden oder finanzielle Unterstützung" (Interview 2: 27). Auch die Mittler beobachten diese Entwicklungen. Das Eingehen von Unternehmenspartnerschaften trägt ferner dazu bei, dass Bild von NPOs innerhalb der Gesellschaft zu verändern „(...) und zwar bei einflussreichen Multiplikatoren" (Interview 2: 60). Darüber hinaus erkennen sie, dass CV „(...) wie Lobbyarbeit in eigener Sache [ist]" (Interview 2: 60) und zu einem moderneren Ansehen verhilft. Die Partnerschaft zu einem Unternehmen trägt nicht zuletzt auch dazu bei, dass NPOs von der Arbeitsweise eines Unternehmens lernen, wie ein(e) Interview-PartnerIn bestätigt:

> „Für uns als soziale Organisation sehe ich eine große Chance, strukturiert an bestimmte Dinge ranzugehen. Strukturierter als wir das bisher tun" (Interview 9: 70).

Unter diesem Aspekt wäre es interessant herauszufinden, ob NPOs noch weitere Strukturen von Unternehmen übernehmen und ob dadurch eine weitere Angleichung der beiden Organisationen stattfindet. Anhand dieser Untersuchung lassen sich diesbezüglich keine konkreten Hinweise finden weshalb eine Antwort auf diese Frage weiteren Forschungsvorhaben überlassen bleiben muss. Die Auswertung der Interviews konnte, wie in der nachfolgenden Abbildung 15 „Codematrix: Ressourcenfluss" dargestellt, nichtsdestotrotz aufzeigen, dass sowohl die Unternehmen (Interviews 3, 5, 7 und 8) als auch die NPOs (Interviews 2, 4 und 9) gleich mehrere Aspekte nennen, die auf einen Ressourcenfluss durch CV hinweisen. Interessanterweise sind den beiden Mittlern (Interviews 1 und 6) nur Ressourcenflüsse von NPOs bekannt. Im Verlauf dieser beiden Interviews wird nicht erwähnt, welchen Gewinn Unternehmen haben. Dies lässt vermuten, dass Unternehmen noch nicht hinreichend dargelegt haben, aus welchen Gründen sie sich gesellschaftlich engagieren, obwohl in der Literatur ausschließlich auf ihre Vorteile hingewiesen wird (vgl. Schöffmann 2001c: 97ff).

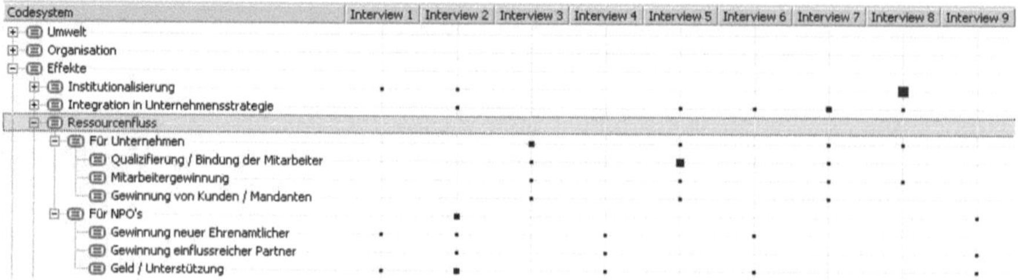

Abbildung 15: Codematrix: Ressourcenfluss

6.8 Förderung bürgerschaftlichen Engagements

Dass NPOs, Mittler und Unternehmen durch CV in der Lage sind, auf die Herausforderungen, die sich an das neue bürgerschaftliche Engagement richten, zu reagieren, können die geführten Interviews ebenfalls bestätigen. Es soll an dieser Stelle darauf hingewiesen werden, dass die Arbeit mit Freiwilligen sowohl für NPOs als auch für die Mittler selbstverständlich kein Thema ist, das erst durch CV an sie herangetragen wurde. Schließlich ist es einer ihrer ureigensten Aufgaben, „(...) Brücken zu bauen, Bedarf zu decken, Not zu lindern [und] Engagement zu ermöglichen" (Interview 2: 21). Allerdings kann CV dazu beitragen, neue Zugangswege zu bürgerschaftlichem Engagement zu eröffnen und vor allem zu erleichtern. Ein privates Engagement ist natürlich weiterhin möglich, aber ein(e) Interview-PartnerIn geht davon aus, dass „(...) einem vielleicht der Weg manchmal ein bisschen schwieriger [fällt], weil man nicht weiß, wo frage ich jetzt nach" (Interview 8: 22). CV trägt ferner dazu bei, dass MitarbeiterInnen aus Unternehmen

> „(...) mit Dingen in Berührung kommen, die sie bisher nicht kannten, und erleben, dass das Engagement von Nöten ist oder das Engagement auch Spaß machen kann" (Interview 9: 72).

Damit können die UnternehmensmitarbeiterInnen nicht nur das Bild, sondern auch das Bewusstsein für die Notwendigkeit der Arbeit von NPOs innerhalb der Gesellschaft verändern. Interessant ist die Erkenntnis, dass auch den Unternehmen bewusst ist, dass sie durch CV zu einer Förderung bürgerschaftlichen Engagements beitragen. Dabei nimmt die bezahlte Freistellung von MitarbeiterInnen einen hohen Stellenwert ein. Durch die Freistellung während der Arbeitszeit können einerseits ältere private Ehrenämter ausgeführt werden. Andererseits zeigt es den MitarbeiterInnen, die sich noch nicht engagieren, Engagementmöglichkeiten auf. Eines der interviewten Unternehmen hat sogar eine interne Befragung zum Thema Ehrenamt durchgeführt, bei der man herausgefunden hat, dass die MitarbeiterInnen „(...) sich in einem hohen Maße gesellschaftlich engagieren." Diese Erkenntnis wurde darauf zurückgeführt, dass man dort „(...) im Schnitt gut ausgebildete Leute hat, [was] positiv mit gesellschaftlichem Engagement [korreliert]" (Interview 3: 10).

Da dauerhaftes und langfristiges Engagement inzwischen die Ausnahme bildet und eine feste Bindung an bestimmte Aufgaben eher als hinderlich empfunden wird, können überschaubare Aufgaben, die projektorientiert, d. h. zeitlich und inhaltlich kreativ gestaltbar sind (vgl. Priller 2002: 48), dazu beitragen Engagement zu fördern. Insbesondere Eintagsaktionen wie der „Social Day" oder der „Make a difference Day" sind vielversprechende Wege, um auf die Anforderungen, die sich an das neue bürgerschaftliche Engagement stellen, zu reagieren.

MitarbeiterInnen können sich an diesen Aktionstagen aus einer ganzen Palette unterschiedlicher Projekte eines auswählen und gemeinsam mit KollegInnen an nur einem Tag eine wichtige Projektaufgabe in der lokalen Gemeinschaft erledigen. Auch das „Cross-Company-Mentoring-Programm" oder das „Bewerbungstraining mit SchülerInnen aus dem BGJ" (siehe Kapitel 2.2.2) sind innovative Wege, um auf die veränderten Motive und Ziele des Engagements zu reagieren. Engagementformen, die das freiwillige Engagement mit fachlichem Know-how kombinieren, können dazu beitragen, den subjektiven Ansprüchen auf Sinn und Selbstverwirklichung, die für das Zustandekommen eines freiwilligen Engagements an Bedeutung gewinnen (vgl. Enquete-Kommission 2002b: 120), gerecht zu werden. Durch solche fachlich bezogenen Engagementarten kann darüber hinaus auf die erhöhten Qualifikationsansprüche, die sich zunehmend an freiwilliges Engagement richten (vgl. Behrer et al. 2000: 14), reagiert werden.

6.9 Handlungsbedarf

Den größten Handlungsbedarf sehen die interviewten Organisationen, ob Unternehmen, NPOs oder Mittler, in einer weiteren Professionalisierung des Themas. Vor allem die Unternehmen wünschen sich dass die NPOs, bei der gemeinsamen Gestaltung von CV-Programmen, eine erhöhte Professionalität, da ihrer Meinung nach einige Dinge noch etwas unstrukturiert laufen. An dieser Stelle soll deshalb auf das Angebot der Akademie für Ehrenamtlichkeit Deutschland (fjs) e.V. hingewiesen werden, die diesen Bedarf erkannt hat und bereits im zweiten Jahr einen Ausbildungsgang „Corporate Citizenship Partnerschaften" speziell für NPOs anbietet, in dem es u. a. um folgende Themen geht:

> „Wie muss ich da vorgehen? Was müssen wir entwickeln als Organisation oder als Einzelne, damit wir so von der Sprache her, vom Stil her usw. auch wahrgenommen werden als kompetente Partner für Wirtschaftsunternehmen" (Interview 6: 2)?

Umgekehrt haben auch zwei der drei interviewten NPOs gesagt:

> „Und Handlungsbedarf ist dann eben auch, wie ich es von einer Studienreise aus Amerika mitgebracht habe, dass Wirtschaftsunternehmen auch Freiwilligen-Koordinatoren haben, um geeignete Koordinationsformen anzugeben" (Interview 9: 76).

Weiteren Handlungsbedarf sehen die Interview-PartnerInnen im Ausbau der Vermittlungs- und Netzwerkstrukturen. Insgesamt fünf von neun befragten Organisationen weisen auf diese Notwendigkeit hin. Dies überrascht vor allem deshalb, weil nahezu alle Befragten bereits in einem oder mehreren Netzwerken organisiert sind. Allerdings geht aus den Interviews auch hervor, dass die Netzwerkstrukturen sich derzeit entweder an Unternehmen oder NPOs richten. Ein gemeinsames Netzwerk, in dem sich alle Beteiligten über die Wünsche und Bedürfnisse des jeweiligen Projektpartners austauschen können, scheint es derzeit noch nicht zu geben. Offensichtlich ist es aber ein Anliegen aller interviewten Organisationen, dass solche Netzwerke geschaffen werden sollten.

Vereinzelt wird von den InterviewpartnerInnen noch der Wunsch einer größeren Nachhaltigkeit geäußert und auch, dass in diesem Zusammenhang gemeinsame Standards gefunden werden. Das Verlangen nach einer besseren Anerkennung, sowohl für das Unternehmen als auch für die Freiwilligen, spielt eine vergleichsweise geringe Rolle. Eine Darstellung über den geäußerten Handlungsbedarf bietet die nachfolgende Codematrix in Abbildung 16.

Codesystem	Interview 1	Interview 2	Interview 3	Interview 4	Interview 5	Interview 6	Interview 7	Interview 8	Interview 9
Umwelt									
Organisation									
Effekte									
Handlungsbedarf									
Anerkennung						•	•		
Nachhaltigkeit			•		•		•		
Standartisierung				•		•		•	•
Vermittlungs- und Netzwerkstrukturen stärken	•	•	•		•		•	•	•
Professionalisierung									

Abbildung 16: Codematrix: Handlungsbedarf

7 Zusammenfassung und Ausblick

In der vorliegenden Arbeit steht die Frage, ob Organisationen durch CV-Programme Legitimität erhalten und ggf. steigern können, im Mittelpunkt der Betrachtung. Einen Schwerpunkt bildet dabei die Bedeutung des professionellen Freiwilligen-Managements. Die Forschungsfrage wird unter Anwendung der neoinstitutionalistischen Organisationstheorie beantwortet. Im Folgenden werden die wichtigsten Untersuchungsergebnisse zusammenfassend dargestellt und ein Ausblick auf den weiteren Forschungsbedarf gegeben. Zunächst aber erfolgt der Übersicht halber eine kurze Zusammenfassung der vorangegangenen Kapitel.

Im zweiten Kapitel dieser Arbeit wird auf den Strukturwandel des Ehrenamts hingewiesen und auf die damit einhergehenden neuen Herausforderungen, die sich an das bürgerschaftliche Engagement richten. Insbesondere die in Deutschland relativ neuen Unternehmenskonzepte für den verantwortungsvollen Umgang mit gesellschaftlichen Problemen werden dabei in den Vordergrund gerückt. CV wird dabei eine besondere Beachtung geschenkt, da dieses Konzept sich vor allem an die Umwelt einer Organisation richtet. Die Bedeutung und die Aufgaben von Freiwilligen-ManagerInnen werden abschließend beschrieben. Im dritten Kapitel wird die neoinstitutionalistische Organisationstheorie vorgestellt. Zunächst werden die drei zentralen Texte erläutert. Im Anschluss werden einige durch Kritik hervorgebrachte wichtige Begriffe konkretisiert sowie Weiterentwicklungen der Theorie dargestellt. In Kapitel vier erfolgt ein erster Versuch der Anwendung der Theorie auf den Untersuchungsgegenstand CV und Freiwilligen-Management. Anhand dieser Überlegungen werden Annahmen formuliert, die es u. a. in der empirischen Untersuchung zu überprüfen gilt. Das fünfte Kapitel widmet sich schließlich der empirischen Untersuchung und erläutert die angewandte Forschungsmethodik. Anhand eines theoriegeleiteten Leitfadens sind insgesamt neun ExpertInnen-Interviews mit VertreterInnen aus vier Unternehmen, drei NPOs und zwei Mittlern (Freiwilligen-Agenturen) geführt worden. Die Auswertung findet computergestützt mit dem Programm MaxQDA statt. Die Kategorien werden theoriegeleitet festgelegt.

Im Rahmen dieser Untersuchung kann die Anwendung der neoinstitutionalistischen Organisationstheorie dazu beitragen, zu erklären, aus welchen Gründen Organisationen CV-Programme einführen, welche Vorteil sie ihnen bringen und warum sie Freiwilligen-ManagerInnen einstellen. In der Hauptsache tragen zwei

Annahmen des NI hierzu bei: Erstens, dass die relevante Umwelt einer Organisation in den Mittelpunkt der Betrachtung gerückt wird und zweitens, dass Überleben und Erfolg einer Organisation unabhängig von Effizienzerwägungen möglich sind.

Die geführten ExpertInnen-Interviews zeigen, dass Erwartungen aus der relevanten Umwelt an Organisationen herangetragen werden und dass Organisationen auf diese Erwartungen reagieren. Insbesondere die befragten NPOs bestätigen, dass sie auf die Erwartungen von Unternehmen eingehen und neue Programme (CV) schaffen. Eine Antwort, warum Unternehmen diese Programme einrichten, vermag diese Arbeit abschließend nicht zu geben. Die Ergebnisse lassen allerdings vermuten, dass sie als frühe Adaptoren diese Programme eingeführt haben, da sie sie als innovative Mittel der Legitimitätssteigerung betrachten.

Eine besondere Erkenntnis dieser Arbeit stellt der Befund dar, dass Erwartungen in Bezug auf CV in erster Linie von Unternehmen formuliert werden und dass CV nur in einem organisationalen Kontext als Institution verstanden wird. Somit bestätigt sich die mikroinstitutionalistische Perspektive von Zucker, weshalb Organisationen als die bestimmenden Institutionen bezeichnet werden können.

Die Untersuchung kann ferner belegen, dass durch das Thema CV ein gemeinsames organisationales Feld von Unternehmen und NPOs entsteht, was vor allem anhand der Zunahme an Interaktionen und der Koalition deutlich wird. Auch eine Strukturangleichung der beteiligten Organisationen kann festgestellt werden. Insbesondere die hohe Relevanz des normativen Drucks, und die damit einhergehende Professionalisierung, wird von allen befragten Organisationen bestätigt. Durch die hohe Relevanz des normativen Drucks wird darüber hinaus die besondere Rolle von Freiwilligen-ManagerInnen deutlich. Es kann nachgewiesen werden, dass sie durch die Teilnahme an Workshops, durch die Mitarbeit in Netzwerken sowie durch ihre Tätigkeiten als ReferentInnen entscheidend zu einer Strukturangleichung beitragen. Auch kann diese Untersuchung zeigen, dass Freiwilligen-ManagerInnen durch ihre Tätigkeiten mitwirken das Thema als solches zu theoretisieren. In ihrer Rolle als Theoretisierende können sie als Überträger neuer Strukturelemente und Managementpraktiken bezeichnet werden, die zu einem institutionellen Wandel beitragen.

Anhand der geführten Interviews kann schließlich auch belegt werden, dass CV-Programme in der Lage sind, die Legitimität einer Organisation zu erhalten und auch zu steigern. Dies bestätigt einerseits das beschriebene organisationale Feld und andererseits die existierende Strukturangleichung in diesem Feld. Als legitimitätsstiftende Faktoren sind der Grad der Institutionalisierung, das Einstellen von ExpertInnen sowie die Integration in die Unternehmensstrategie herangezogen worden. Da die Entwicklung von CV in den befragten Organisationen weitestgehend unabhängig voneinander verläuft, die Charakteristika der Organisationen relativ homogen sind und es noch keinen Konsens über Wert und Nutzen gibt, ist davon auszugehen, dass CV derzeit pre-institutionalisiert ist (siehe Kapitel 3.2.3.1). Ein Wandel zeichnet sich aber bereits ab.

Es kann ferner nachgewiesen werden, dass das Einstellen von ExpertInnen und der professionelle Aufbau des Freiwilligen-Managements in den befragten Organisationen sich positiv auf die Legitimität auswirkt, da Freiwilligen-ManagerInnen in hohem Maße dazu beitragen Vertrauen zu schaffen. Sie vermitteln darüber hinaus die Ernsthaftigkeit der Projekte, fördern die Kommunikation zwischen den beteiligen Organisationen und tragen zur Qualitätssicherung der Projekte bei. Anhand der Aussagen der befragten Interview-PartnerInnen können auch die theoretisch beschriebenen Aufgaben und Tätigkeiten von Freiwilligen-ManagerInnen belegt werden (siehe Kapitel 2.3.2).

Dass CV einer Organisation Legitimität schafft, wird insbesondere anhand des damit einhergehenden Ressourcenflusses deutlich. Die Unternehmen nennen neben der MitarbeiterInnen-Gewinnung noch die Aspekte der MitarbeiterInnen-Bindung und -Qualifizierung sowie den Kontakt zu (neuen) Kunden und Mandanten. Die NPOs führen die Gewinnung neuer Ehrenamtlicher, die Gewinnung einflussreicher Partner sowie eine finanzielle und/oder tatkräftige Unterstützung an. Anhand des dargestellten Ressourcenflusses vermag diese Arbeit darüber hinaus zu zeigen, dass CV-Programme sich sowohl positiv auf Unternehmen als auch auf NPOs auswirken. Infolgedessen ist es möglich, dass eine Win-Win-Situation, also eine Gewinnbeteiligung für beide Seiten, zu Stande kommt. Voraussetzung hierfür ist, dass es den beteiligten Organisationen gelingt, die Ernsthaftigkeit, mit der die Projekte durchgeführt werden, dem/der jeweiligen ProjektpartnerIn zu vermitteln. Die gewonnen Erkenntnisse belegen, dass die befragten Organisationen CV in weiten Teilen systematisch anwenden und umsetzen, weshalb davon auszugehen ist, dass sie sich eine pragmatische Legitimität erhoffen (siehe Kapitel 3.2.1).

Handlungsbedarf sehen die befragten Organisationen vor allem in einer weiteren Professionalisierung sowie im Ausbau von Netzwerk- und Vermittlungsstrukturen. Eine bessere Anerkennung, das Finden von gemeinsamen Standards sowie Nachhaltigkeit spielten eher eine untergeordnete Rolle.

Anhand der durchgeführten empirischen Untersuchung kann die anfangs aufgeworfene Forschungsfrage somit bejaht werden. CV ist im Stande, die Legitimität einer Organisation zu erhalten und sogar zu steigern. CV schafft durchaus Wettbewerbsvorteile für eine Organisation und kann bewirken, dass der Zufluss an Ressourcen steigt. Indem das Einstellen von ExpertInnen, durch die damit einhergehende Konstruktion von Vertrauen und gutem Willen, zu mehr Legitimität beiträgt hat die Untersuchung auch bestätigt, dass vor allem Freiwilligen-ManagerInnen dazu in der Lage sind dies zu ermöglichen.

Gerade aufgrund der vorherigen Auswahl der ExpertInnen vermag diese Arbeit zu zeigen, welche Vorteile und welcher Nutzen Freiwilligen-ManagerInnen einer Organisation bringen. Eine wichtige Erkenntnis dieser Arbeit besteht darin, dass Organisationen, die Freiwilligen-ManagerInnen einstellen, von ihren Kompetenzen und Wissen profitieren, weshalb erfolgreiche Projekte zustande kommen, die sich wiederum positiv auf die Organisation, für die sie arbeiten, auswirken. Die Schaffung von Stellen kann deshalb nicht als reiner Kostenfaktor betrachtet werden. Zentraler Ausgangspunkt eines erfolgreichen Freiwilligen-Managements ist die Erkenntnis, dass freiwilliges Engagement eine gesellschaftlich wertvolle Arbeit ist, die es nicht kostenlos gibt. Die Investition in Personalkosten vermag einen erheblichen Beitrag zur Legitimitätserhaltung und auch -gewinnung zu leisten. Die Gewährleistung der mit Freiwilligen-Management verbundenen personellen, sachlichen und finanziellen Rahmenbedingungen stellt somit eine grundlegende Bedingung dar, über die sich Unternehmen, NPOs und Mittler, die im Bereich CV tätig sein möchten, im Klaren sein müssen.

Um auf das Eingangszitat dieser Arbeit zurückzukommen, verdient ein Unternehmen, das nur auf den Faktor Kosten schaut, in Anbetracht dieser Untersuchung durchaus Artenschutz. Schließlich kann gezeigt werden, dass Überleben und Erfolg einer Organisation nicht bloß vom Ausmaß der Effizienz abhängen, sondern ebenso von der Fähigkeit und Bereitschaft bestimmten Erwartungen gerecht zu werden. Ob diese Organisationen vom Aussterben bedroht sind, scheint fraglich, denn der Grad der Institutionalisierung ist derzeit noch nicht allzu hoch und Umwelterwartungen werden noch eher selten an Organisationen herangetragen. Somit wäre es fruchtbar herauszufinden, ob die späten Adaptoren einen verstärkten gesellschaftlichen Erwartungsdruck verspüren. In diesem Zusammenhang könnten dann auch weitere Aussagen über den Grad der Institutionalisierung getroffen werden.

An dieser Stelle erfolgt erneut der Hinweis, dass alle interviewten Organisationen ihre CV-Programme äußerst professionell und glaubwürdig betreiben und sie als Teil ihrer Unternehmensstrategie verstehen. Weitere Aussagen, über die Möglichkeit einer Legitimitätserhaltung bzw. Legitimitätsgewinnung in Organisationen, die CV nicht in die Unternehmensstrategie integrieren und die ihre Projekte nicht von Freiwilligen-ManagerInnen organisieren lassen, können im Rahmen dieser Arbeit nicht getroffen werden. Es kann aber vermutet werden, dass Organisationen, die CV-Projekte aus reinen Imagegründen betreiben, keine Legitimität zugesprochen bekommen. Die Aussagen der NPOs geben zumindest Hinweise, dass mangelnde Ernsthaftigkeit erkannt wird, weshalb eine Partnerschaft mit ihnen erst gar nicht zu Stande kommt. Weitergehende Untersuchungen zu dieser Thematik wären somit von Interesse.

Eine weitere wichtige Erkenntnis dieser Arbeit besteht darin, dass CV durchaus in der Lage ist, auf die Herausforderung, die sich an das neue bürgerschaftliche Engagement richten, angemessen zu reagieren. Nahezu alle von Dahm et al. angesprochenen Empfehlungen zur Förderung bürgerschaftlichen Engagements (siehe Kapitel 2.1.2) werden durch CV-Programme erfüllt: Durch CV findet einerseits eine Ausweitung von zeitlich befristeten Projekten, als auch die Verbesserung temporärer Freistellungsmöglichkeiten in der Erwerbsarbeit statt. Andererseits entstehen rund um das Thema CV Unternehmensnetzwerke, die den Austausch fördern. Nicht zuletzt tragen Freiwillingen-ManagerInnen dazu bei, die MitarbeiterInnen aus Unternehmen zu ermuntern, sich stärker bürgerschaftlich zu engagieren.

Trotz dieser vielen positiven Impulse und trotz allen Potentials, das CV schaffen kann, sollte abschließend noch betont werden, dass bürgerschaftliches Engagement – einschließlich des Engagements von UnternehmensbürgerInnen – staatliches Handeln auf absehbare Zeit nicht ersetzen kann. CV ist aber durchaus in der Lage, innovative Problemlösungsmechanismen hervorzubringen, um auf die vielfältigen gesellschaftlichen Probleme zu reagieren. Die Förderung bürgerschaftlichen Engagements ist für den Erhalt einer Gesellschaft zu wichtig, als dass sie bloßen Zufälligkeiten oder persönlichen Vorlieben überlassen werden kann. Dies sollte nicht nur im Interesse der Unternehmen sondern auch in dem ihrer relevanten Umwelt liegen.

Literatur

Backhaus-Maul, Holger (2001): Bürgerschaftliches Engagement in den USA. In: Schöffmann, Dieter (Hrsg.) (2001a): 31-45

Backhaus-Maul, Holger (2004): Corporate Citizenship im deutschen Sozialstaat. In: Aus Politik und Zeitgeschichte. B 14/2004: 23-30

Backhaus-Maul, Holger (2006): Gesellschaftliche Verantwortung von Unternehmen. In: Aus Politik und Zeitgeschichte. B 12/2006: 32-38

Backhaus-Maul, Holger/Braun, Sebastian (2007): Gesellschaftliches Engagement von Unternehmen in Deutschland. Konzeptionelle Überlegungen und empirische Befunde. In: Rote Seiten Stiftung&Sponsoring. 5/2007

Becker-Ritterspach, Florian A.A./Becker-Ritterspach, Jutta C.E. (2006): Isomorphie und Entkopplung im Neo-Institutionalismus. In: Senge, Konstanze/Hellmann, Kai-Uwe (Hrsg.) (2006): 102-117

Beher, Karin/Liebig, Reinhard/Rauschenbach, Thomas (2000): Strukturwandel des Ehrenamtes. Gemeinwohlorientierung im Modernisierungsprozess. Weinheim und München: Juventa

Bertelsmann-Stiftung (2005): Die gesellschaftliche Verantwortung von Unternehmen. Detailauswertung. Dokumentation der Ergebnisse einer Unternehmensbefragung der Bertelsmann Stiftung: www.bertelsmann-stiftung.de/bst/de/media/xcms_bst_dms_15645__2.pdf [18.01.2008]

Biedermann, Christiane (2000): Was heißt Freiwillige managen? – Grundzüge des Freiwilligen-Managements. In: Nährlich, Stefan/Zimmer, Annette (Hrsg.) (2000): 107-128

Biedermann, Christiane (2002): Die Zusammenarbeit mit Freiwilligen organisieren. In: Rosenkranz, Doris/Weber, Angelika (Hrsg.) (2002): 79-87

BMFSFJ (2005): Freiwilliges Engagement in Deutschland 1999-2004. Ergebnisse der repräsentativen Trenderhebung zu Ehrenamt, Freiwilligenarbeit und bürgerschaftlichem Engagement. München: www.bmfsfj.de/bmfsfj/generator/RedaktionBMFSFJ/Arbeitsgruppen/Pdf-Anlagen/freiwilligensurveylangfassung,property=pdf,bereich=,sprache=de,rwb=true.pdf [12.02.2008]

Bogner, Alexander/Littig, Beate/Menz, Wolfgang (Hrsg.) (2005): Das Experteninterview. Theorie, Methode, Anwendung. 2. Auflage. Wiesbaden: VS Verlag für Sozialwissenschaften

Bosch, Gerhard (Hrsg.) (2002): Die Zukunft von Dienstleistungen. Frankfurt/Main: Campus Verlag

Dahm, Daniel/Fretschner, Rainer/Hilbert, Josef/Scherhorn, Gerhard (2002): Gemeinschaftsarbeit im Wohlfahrtsmix der Zukunft: unverzichtbar. In: Bosch, Gerhard (Hrsg.) (2002): 162-183

Deutscher Entwicklungsdienst (DED): Corporate Social Responsibility – Verantwortungsvolle Unternehmensführung: www.ded.de/cipp/ded/lib/all/lob/return_download,ticket,g_u_e_s_t/bid, 2638/no_mime_type,0/~/DEDpublik_CSR_Verantwortungsvolle_Unternehmensf_hrung.pdf [18.01.2008]

Deutsche Bank (2006): Gesellschaftliche Verantwortung: www.deutsche-bank.de/csr/de/downloads/ CSR_Bericht_2007_D.pdf [07.04.2008]

Dietz, Peter (2008): Die Sitten verfallen. In: Frankfurter Rundschau vom 01.04.2008, 64. Jhg. Nr. 76: F21: www.fronline.de/top_news/?em_cnt=1311664 [07.04.2008]

DiMaggio, Paul J./Powell, Walter W. (1983): The Iron Cage Revisted: Institutional Isormorphism and Collective Rationality in Organizational Fields. In: American Sociological Review. Vol. 48., No. 2: 147-160

Enquete-Kommission „Zukunft des Bürgerschaftlichen Engagements" (2002a) (Hrsg.): Bürgerschaftliches Engagement und Zivilgesellschaft. Bd. 1. Opladen: Leske + Budrich

Enquete-Kommission „Zukunft des Bürgerschaftlichen Engagements" (2002b) (Hrsg.): Bürgerschaftliches Engagement: auf dem Weg in eine zukunftsfähige Bürgergesellschaft. Bd. 4. Opladen: Leske + Budrich

Europäische Kommission (2001): Grünbuch der Kommission Europäische Rahmenbedingungen für die soziale Verantwortung der Unternehmen: eur-lex.europa.eu/LexUriServ/LexUriServ.do?uri =COM:2001:0366:FIN:DE:PDF [18.01.2008]

Freshfields Bruckhaus Deringer (2007): CSR. Making a difference around the world: www.freshfields.com/csr/_downloads/2007csr.PDF [07.04.2008]

Gazdar, Kaevan/Habisch, André/Kirchhoff, Klaus Rainer/Vaseghi, Sam (Hrsg.) (2006): Erfolgsfaktor Verantwortung. Corporate Social Responsibility professionell managen. Berlin, Heidelberg, New York: Springer

Grewe, Wolfgang/Löffler, Jens (2006): Aspekte der CSR aus Wirtschaftsprüfersicht. In: Gazdar, Kaevan/Habisch, André/Kirchhoff, Klaus Rainer/Vaseghi, Sam (Hrsg.) (2006): 3-11

Habisch, André (2003): Die gesellschaftliche Rolle des Unternehmens. In: Frankfurter Allgemeine Zeitung vom 10.11.2003: 20: www.aktivebuergerschaft.de/vab/informationen/newsletter/artikel sammlung/2003-11-10.php [18.01.2008]

Hasse, Raimund/Krücken, Georg (1999): Neo-Institutionalismus. Bielefeld: transcript Verlag

Hassel, Anke (2006): Soziale Standards in einer globalisierten Welt. Vortrag für das Stipendiatentreffen der gemeinnützigen Hertie Stiftung: www.bertelsmann-stiftung.de/bst/de/media/xcms_bst_ dms_19634_19635_2.pdf [13.03.2008]

Hellmann, Kai-Uwe (2006): Organisationslegitimität im Neo-Institutionalismus. In: Senge, Konstanze/Hellmann, Kai-Uwe (Hrsg.) (2006): 75-88

Hubbertz, Hans (2006): Corporate Citizenship und die Absorption von Unsicherheit. In: Sozialwissenschaften und Berufspraxis. 29 Jhg., Heft 2: 298-314

Janes, Jackson (2001): Philanthrophie und Engagement amerikanischer Unternehmen. In: Schöffmann, Dieter (Hrsg.) (2001a): 23-30

Kappelhoff, Peter (1997): Rational-Choice, Macht und die korporative Organisation der Gesellschaft. In: Ortmann, Günther/Sydow, Jörg/Türk, Klaus (Hrsg.) (1997): 218-258

Kegel, Thomas (2002): Gute Organisation vorausgesetzt. Aufgaben für das Management von Volunteers. In: Rosenkranz, Doris/Weber, Angelika (Hrsg.) (2002): 89-101

Kegel, Thomas/Reifenhäuser, Carola/Schaaf-Derichs, Carola (2006): Lehrbuch Strategisches Freiwilligen-Management, 2. Auflage. Förderverein für Jugend und Sozialarbeit (fjs) e.V. Akademie für Ehrenamtlichkeit Deutschland (Hrsg.). Berlin

Kieser, Alfred/Ebers, Mark (Hrsg.) (2006): Organisationstheorien, 6. Auflage. Stuttgart: Kohlhammer

Kieser, Alfred (2006): Der Situative Ansatz. In: Kieser, Alfred/Ebers, Mark (Hrsg.) (2006): 215-246

Kirchhoff, Klaus Rainer (2006): CSR als strategische Herausforderung. In: Gazdar Kaevan/Habisch André/Kirchhoff, Klaus Rainer/Vaseghi, Sam (Hrsg.) (2006): 13-33

Klages, Helmut/Gensicke, Thomas (Hrsg.) (1999): Wertewandel und bürgerschaftliches Engagement an der Schwelle des 21. Jahrhunderts. Forschungsinstitut für öffentliche Verwaltung der bei deutschen Hochschule für Verwaltungswissenschaften Speyer. Speyerer Forschungsbericht 193

Klages, Helmut (2001): Werte und Wertewandel. In: Schäfers, Bernhard/Zapf, Wolfgang (Hrsg.) (2001): 726-738

Kopp, Daniel/Menez, Raphael (2005): Computergestütze Auswertung qualitativer Daten. Arbeiten mit MaxQDA anhand eines aktuellen Beispiels. Wirtschaft & Politik (WiP). Nr. 27

Kromrey, Helmut (2002): Empirische Sozialforschung. Modelle und Methoden der standardisierten Datenerhebung und Datenauswertung, 10. Auflage. Opladen: Leske + Budrich

Lamnek, Siegfried (2005): Qualitative Sozialforschung, 4. Auflage, Weinheim: Beltz Verlag

Lenzen, Elmer/Fengler, Jochen (Hrsg.) (2007): Berufsbild CSR Manager. UmweltDialog Wissen 1. Münster: macondo

Lenzen, Elmer (2007): Verantwortung als Beruf. In: Lenzen, Elmer/Fengler, Jochen (Hrsg.) (2007): 17-22

Martens, Will (1997): Organisation und gesellschaftliche Teilsysteme. In: Ortmann, Günter/Sydow, Jörg/Türk, Klaus (Hrsg.) (1997): 263-311

Mayer, Horst O. (2004): Interview und schriftliche Befragung. Entwicklung, Durchführung und Auswertung, 2. Auflage. München, Wien: R. Oldenburg Verlag.

Mayring, Philipp (2003): Qualitative Inhaltsanalyse. Grundlagen und Techniken. 8. Auflage. Weinheim und Basel: Beltz Verlag

Meuser, Michael/Nagel, Ulrike (2005): ExpertInneinterviews – vielfach erprobt, wenig bedacht. Ein Beitrag zur qualitativen Methodenkiskussion. In: Bogner, Alexander/Littig, Beate, Menz, Wolfgang (Hrsg.) (2005): 71-93

Meyer, John W./Rowan, Brian (1977): Institutionalized Organizations: Formal Sturcture as Myth and Ceremony. In: The American Journal of Sociology. Vol. 83, No. 2: 340- 363

Nährlich, Stefan/Zimmer, Annette (Hrsg.) (2000): Management in Nonprofit-Organisationen. Eine praxisorientierte Einführung. Opladen: Leske + Budrich

Noble, Joy/Rogers, Louse/Fryar Andy (2003): Volunteer Management. An Essential Guide. Australia. Volunteering SA Inc.

Ortmann, Günter/Sydow, Jörg/Türk, Klaus (Hrsg.) (1997): Theorien der Organisation. Die Rückkehr der Gesellschaft. Opladen: Westdeutscher Verlag

Pankoke, Eckart (2006): Corporate Identity, Social Responsibility, Corporate Citizenship. Unternehmensethik zwischen Eigeninteresse und öffentlicher Verantwortung. In: Sozialwissenschaften und Berufspraxis. 29. Jhg., Heft 2: 270-278

Prantel, Heribert (2008): Die da oben. In: Süddeutsche Zeitung vom 15.02.2008: www.sueddeutsche.de/wirtschaft/artikel/538/158115/ [11.03.2008]

Priller, Eckhard (2002): Zum Stand empirischer Befunde und sozialwissenschaftlicher Theorie zur Zivilgesellschaft und zur Notwendigkeit ihrer Weiterentwicklung. In: Enquete-Kommission „Zukunft des Bürgerschaftlichen Engagements", Deutscher Bundestag (Hrsg.) (2002a): 39-54

Rat für nachhaltige Entwicklung (2006): Unternehmerische Verantwortung in einer globalisierten Welt – ein deutsches Profil der Corporate Social Responsibility. Berlin

Rosenkranz, Doris/Weber, Angelika (Hrsg.) (2002): Freiwilligenarbeit. Einführung in das Management von Ehrenamtlichen in der Sozialen Arbeit. Weinheim und München: Juventa

Sachße, Christoph (2002): Traditionslinien bürgerschaftlichen Engagements. In: Enquete-Kommission „Zukunft des Bürgerschaftlichen Engagements", Deutscher Bundestag (Hrsg.) (2002a): 23-28

Sanders, Karin/Kianty Andrea (Hrsg.) (2006): Organisationstheorien. Eine Einführung. Wiesbaden: VS Verlag für Sozialwissenschaften

Schäfers, Bernhard/Zapf, Wolfgang (Hrsg.) (2001): Handwörterbuch zur Gesellschaft Deutschlands. Bonn: Bundeszentrale für politische Bildung

Schaltegger, Stefan/Petersen, Holger/Kalisch, Claudia (2007a): Der MBA „Sustainament" – Das Rüstzeug für den Business Case des Nachhaltigkeitsmanagements. In: Lenzen, Elmer/Fengler, Jochen (Hrsg.) (2007): 30-34

Schaltegger, Stefan/Herzig, Christian/Kleiber, Oliver/Klinke, Torsten/Müller, Jan (2007b): Nachhaltigkeitsmanagement in Unternehmen. Von der Idee zur Praxis: Managementansätze zur Umsetzung von Corporate Social Responsibility und Corporate Sustainablity, BMU et al. (Hrsg.): www.bmu.de/files/pdfs/allgemein/application/pdf/nachhaltigkeitsmanagement_unternehmen.pdf [16.04.2008]

Schöffmann, Dieter (Hrsg.) (2001a): Wenn alle gewinnen. Bürgerschaftliches Engagement von Unternehmen. Hamburg: Körber-Stiftung

Schöffmann, Dieter (2001b): Gelebte Unternehmensverantwortung. In: Schöffmann, Dieter (Hrsg.) (2001a): 11-22

Schöffmann, Dieter (2001c): Vom Nutzen des Corporate Volunteering. In: Schöffmann, Dieter (Hrsg.) (2001a): 95-103

Schreyögg, Georg/Conrad, Peter (Hrsg.) (2002): Theorien des Managements. Managementforschung. Wiesbaden: Gabler

Schwarz, Michael (2006): Corporate Citizenship als Politik- und Handlungsfeld. In: Sozialwissenschaften und Berufspraxis. 29 Jhg., Heft 2: 279-297

Scott, Richard W. (2001): Institutions and Organizations. Thousand Oaks, London, New Delhi: Sage Publications Inc.

Senge, Konstanze (2005): Der Neo-Institutionalismus als Kritik der ökonomischen Perspektive: http://tuprints.ulb.tu-darmstadt.de/epda/000620/BIB9.pdf [08.03.2008]

Senge, Konstanze (2006): Zum Begriff der Institution im Neo-Institutionalismus. In: Senge, Konstanze/Hellmann, Kai-Uwe (Hrsg.) (2006): 35-47

Senge, Konstanze/Hellmann, Kai-Uwe (Hrsg.) (2006a): Einführung in den Neo-Institutionalismus. Lehrbuch. Organisation und Gesellschaft: VS Verlag für Sozialwissenschaften

Senge, Konstanze/Hellmann, Kai-Uwe (2006b): Einleitung. In: Senge, Konstanze/Hellmann, Kai-Uwe (Hrsg.) (2006): 7-31

Strang, David/Meyer John W. (1993): Institutional Conditions for Diffusion. In: Theory and Society. Vol. 22, No. 4: 487-511

Suchman, Mark C (1995): Managing Legitimacy: Strategic and Institutional Approaches. In: The Academy of Management Review. Vol. 20., No. 3: 571-610

Sywottek, Christian (2004): Macht's gut. In: brandeins, Wirtschaftsmagazin. Vom Modebegriff zum Wirtschaftsfaktor. 10/04: 64-70

Walgenbach, Peter (2002): Neoinstitutionalistische Organisationstheorie – State of the Art und Entwicklungslinien. In: Schreyögg, Georg/Conrad, Peter (Hrsg.) (2002): 155-202

Walgenbach, Peter (2006): Neoinstitutionalistische Ansätze in der Organisationstheorie. In: Kieser, Alfred/Ebers, Mark (Hrsg.) (2006): 353-401

Walgenbach, Peter/Meyer, Renate (2008): Neoinstitutionalistische Organisationstheorie. Stuttgart: Kohlhammer

Weber, Max (1973/1922): Soziologie, Universalgeschichtliche Analysen, Politik. Stuttgart: Alfred Kröner Verlag

Weber, Max (1973/1922): Die drei reinen Typen der legitimen Herrschaft. In: Max Weber (1973/1999): 151-164

Zucker, Lynne G. (1977): The Role of Institutionalization in Cultural Persistence. In: American Sociological Review. Vol. 42, No. 5: 726-743

Anhang 1: Leitfaden für ExpertInnen-Interview

Vorbemerkung

In meiner Untersuchung geht es um das Thema CV und Freiwilligen-Management. Über die Interviews möchte ich herausfinden warum CV in den befragten Organisationen durchgeführt wird und warum es die Stelle eines Freiwilligen-Managers gibt. Insbesondere interessieren mich Aspekte der Professionalisierung. Nicht die interviewte Person bildet hier den Gegenstand der Analyse. Der Kontext um den es geht ist ein organisatorischer Zusammenhang. Die Ergebnisse werden anonymisiert. Besteht Einverständnis mit einer Tonbandaufzeichnung?

Da es in den ersten Interviews Verwirrung über den Begriff Freiwilligen-Management gab; vorab zur Klärung: Wenn ich Freiwilligen-Management sage, dann interessiere ich mich immer für die Rolle desjenigen, der für CV-Projekte in der Organisation (mit-)verantwortlich ist.

I	**Einstieg**

1.	**Welche Erfahrungen hat ihre Organisation/ihr Unternehmen mit CV-Projekten und Freiwilligen-Management bereits gemacht?**
1.1	Seit wann werden CV-Projekte durchgeführt?
1.2	Welche konkreten Projekte sind bereits durchgeführt worden?
1.3	Seit wann gibt es die Stelle eines Freiwilligen-Managers?

II	**Entscheidungsgründe**

2.	**Welche Gründe gab es aus Sicht ihrer Organisation/ihres Unternehmens CV-Projekte einzuführen?**
2.1	Wie sind sie auf das Thema aufmerksam geworden?
2.2	Hat jemand das Thema an ihre Organisation/ihr Unternehmen herangetragen?
2.3	Hat die Politik dabei eine Rolle gespielt?

3.	**Waren andere Organisationen bei der Etablierung von CV behilflich?**
3.1	Gab es ein bestimmtes Vorbild für ihre Organisation/ihr Unternehmen?
3.2	Von wo haben Sie Informationen über CV bezogen?
4.	**Welche Gründe gab es aus Sicht ihrer Organisation/ihres Unternehmens die Stelle eines Freiwilligen-Managers zu schaffen?**
4.1	Welche Bedeutung messen Sie Freiwilligen-Managern bei?
4.2	Welche Aufgaben erfüllen sie?

III Kooperationsbeziehungen

5.	**Wie bewerten sie die Kooperation zwischen NPOs und Unternehmen?**
5.1	Welchen Stellenwert räumen sie der Zusammenarbeit ein?
5.2	Sehen sie sich als gleichberechtigte Partner?
5.3	Was verbindet sie?
5.4	Gibt es neue oder eine Intensivierung bestehender Kooperationen?
6.	**Über welche Wege/Mittel erfahren Sie von den Arbeiten anderer Organisationen/Unternehmen?**
6.1	Sind sie Mitglied in einem Netzwerk und/oder einem Berufsverband?
6.2	Nehmen Sie an Workshops und/oder Fachtagungen teil?
6.3	Arbeiten sie in Forschungsgruppen und/oder haben sie schon einmal Vorträge gehalten?

IV Resultate

7.	**Hat sich seit der Einführung von CV organisationsintern bzw. unternehmensintern etwas verändert?**
7.1	Gab es neue Regelungen für die MitarbeiterInnen?
7.2	Wurden neue Kommunikationsmedien eingeführt?
7.3	Was ist mit der Stelle des Freiwilligen-Managers?
7.4	Gibt es auch eine eigene Abteilung?
8.	**Welche Vorteile schaffen CV-Projekte ihre Organisation/ihrem Unternehmen?**
8.1	Verhelfen sie ihrer Organisation/ihrem Unternehmen zu einem besseren Ansehen?
8.2	Haben sich dadurch neue Zugangswege eröffnet?

Anhang 1: Leitfaden für ExpertInnen-Interview 121

9. Welche Vorteile schafft die Rolle eines Freiwilligen-Managers?
9.1 Fördert er/sie die Kommunikation?
9.2 Vermag er/sie zu einer Win-Win-Situation beizutragen?
9.3 Fördert er/sie die Professionalisierung von CV?

V Probleme

10. Mit welchen Probleme sieht sich ihre Organisation/ihr Unternehmen durch CV-Projekte konfrontiert?
10.1 Gibt es widersprüchliche Anforderungen, die an sie herangetragen werden?
10.2 Von wem werden sie herangetragen?
10.3 Wie machen sich diese bemerkbar?
10.4 Wie gehen sie damit um?

VI Ausblick

11. Welche Entwicklung von CV und Freiwilligen-Management erwarten Sie in der Zukunft?
11.1 Werden Programme und Stellen eine zunehmende Verbreitung finden?
11.2 Wird es eine zunehmende Professionalisierung geben?
11.3 Inwiefern besteht ihrer Meinung nach noch Handlungsbedarf?

Anhang 2: Kategoriesystem

1. Umwelt

Erwartungen wichtiger Anspruchsgruppen
- Unternehmen
- Kunden/Mandanten
- Gesellschaft

Organisationales Feld
- Zunahme an Interaktionen
- Koalition
- Anwachsende Informationslast
- Bewusstsein für gemeinsames Thema

2. Organisation

Strukturangleichung
- Zwang
- Mimese/Imitation
- Normativer Druck

Anpassung der formalen Struktur
- Budget
- Freistellung der Mitarbeiter
- Stellen/Abteilungen
    - Ernsthaftigkeit
    - Vertrauen
    - Kommunikation
    - Qualitätssicherung

Konflikte

3. Effekte/Legitimitätswirkung

Institutionalisierung
- Unabhängige Entwicklung
- Konsens über Wert und Nutzen
- Organisationstypen

Integration in Unternehmensstrategie
- Akzeptanz und Glaubwürdigkeit
- Imagegewinn

Ressourcenfluss
- für Unternehmen
    - Qualifizierung/Bindung der MitarbeiterInnen
    - Mitarbeitergewinnung
    - Gewinnung neuer Kunden/Mandanten

- für Non-Profit-Organisationen
    - neue Ehrenamtliche
    - einflussreiche Partner – Unterstützung
    - Geld

- Förderung bürgerschaftlichen Engagements

Handlungsbedarf
- Anerkennung
- Nachhaltigkeit
- Standardisierung
- Vermittlungs- und Netzwerkstrukturen stärken
- Professionalisierung

If you have any concerns about our products,
you can contact us on
ProductSafety@springernature.com

In case Publisher is established outside the EU,
the EU authorized representative is:
**Springer Nature Customer Service Center GmbH
Europaplatz 3, 69115 Heidelberg, Germany**

Printed by Libri Plureos GmbH
in Hamburg, Germany